Aventura decimal

EDIÇÃO **REFORMULADA**

Aventura decimal
© Luzia Faraco Ramos, 1989

Editor	Fernando Paixão
Editora assistente	Claudia Morales
Minialmanaque	Ernesto Rosa Neto (elaboração)
	Shirley Gomes (redação)
Preparadora	Carla Moreira
Coordenadora de revisão	Ivany Picasso Batista
Revisoras	Eliza Hitomi Yamane
	Luciene Ruzzi Brocchi

Arte	
Projeto gráfico e editoração eletrônica	Homem de Melo & Troia Design
Editor	Marcello Araujo
Editora assistente	Suzana Laub
Bonecos em massinha	Patrícia Lima
Ilustrações do Minialmanaque	Marcelo Pacheco
Fotos dos bonecos	Thales Trigo

Agradecemos a Luiz Galdino e Nilson Joaquim da Silva pelas sugestões e apoio editorial.

CIP-BRASIL. CATALOGAÇÃO NA FONTE
SINDICATO NACIONAL DOS EDITORES DE LIVROS, RJ

R144a
13.ed.

Ramos, Luzia Faraco
    Aventura decimal / Luzia Faraco Ramos ;
ilustrações Cris e Jean. - 13.ed. - São Paulo : Ática,
2001.
    120. : il. - (A descoberta da matemática)

    Contém suplemento de atividades
    ISBN 978-85-08-07693-2

    1. Matemática - Literatura infantojuvenil. I. Cris
(Ilustrador). II. Jean (Ilustrador). III. Título. IV. Série

11-3472.	CDD: 028.5
	CDU: 087.5

ISBN 978 85 08 07693-2 (aluno)
CL: 730212
CAE: 224463

2022
13ª edição
22ª impressão
Impressão e acabamento: Log&Print Gráfica e Logística S.A.

Todos os direitos reservados pela Editora ÁticaS.A.
Av. das Nações Unidas, 7221 – CEP 05425-902 – São Paulo, SP
Atendimento ao cliente: 4003-3061 – atendimento@aticascipione.com.br
www.coletivoleitor.com.br

Aventura decimal

Luzia Faraco Ramos

Matemática e
psicopedagoga

Ilustrações
Cris e Jean

editora ática

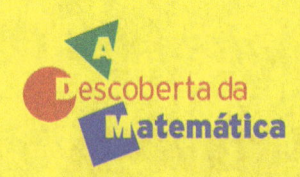
A Descoberta da Matemática

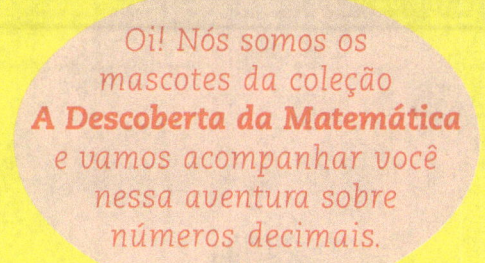

Oi! Nós somos os mascotes da coleção **A Descoberta da Matemática** e vamos acompanhar você nessa aventura sobre números decimais.

Nós vamos mostrar um resumo das descobertas de Paulo e Sara. Você vai ver como eles percebem a lógica que está por trás das operações matemáticas. Chega de decoreba! O importante é compreender.

É isso mesmo! E não deixe de ler o **minialmanaque** no final do livro. Nós preparamos muitas curiosidades sobre números decimais para você se divertir.

Agora é com você!

Sumário

Glória

Paulo

Wiujam

Sara

Ogirep

1

Fora do campeonato

— Vai lá, Paulo! Vai, que é sua!

— Cuidado, Paulo, o grandão está na sua cola!

— Falta! Foi falta, seu juiz! O grandão entrou na canela do Paulo!

O juiz apitou a falta e o companheiro cochichou:

— Levanta, Paulo, o juiz já deu a falta.

— Não posso, está doendo muito. Acho que quebrei alguma coisa.

— Xiii! Ei, pessoal, o Paulo está machucado!

O time da escola estava disputando o campeonato anual de futebol e agora Paulo estava fora da competição. Ele havia participado de todos os jogos, feito muitos gols e provavelmente seria o artilheiro.

Levado ao pronto-socorro, o que todos previam foi confirmado:

— Você terá de ficar pelo menos 15 dias com a perna imobilizada. E, na primeira semana, nada de colocar o pé no chão — recomendou o médico.

Em casa, depois de muitos comentários sobre o que acontecera, a questão tomou novo rumo. Os pais do jovem, Ana e Luís Fernando, trabalhavam fora, não poderiam cuidar dele, mas não queriam deixá-lo sozinho.

— O Paulo vai precisar de ajuda. Não pode ficar sem companhia.

A mãe falou de sua preocupação e, enquanto o pai pensava, o próprio garoto propôs:

— Eu poderia ficar no sítio do vovô. Já faz um tempão que a gente não vai lá.

Os pais aprovaram a ideia e, imediatamente, ligaram para o sítio, deixando tudo combinado. E, assim, no dia seguinte logo cedo estavam na estrada.

A chegada foi uma festa. Os avós, Mário e Belinha, acompanhados de seu Teófilo, aguardavam na ampla varanda da casa. Seu Téo era neto de escravos que haviam habitado aquelas terras no século retrasado. Quando o avô comprou o sítio, ele já andava por ali, contando suas histórias. E foi ficando, ficando, até ficar definitivamente.

Apesar da emoção e da calorosa acolhida, o pai do garoto avisou:

— Não podemos demorar muito. Viemos só trazer o Paulo, temos de voltar para o trabalho.

— Eu gostaria que todos ficassem, mas, se não dá... — comentou dona Belinha. — Não se preocupem com o Paulo. Nós vamos cuidar muito bem dele, não é, Mário?

— Claro que vamos! — confirmou o avô. — Até já adaptei uma cadeira a um carrinho de mão, que é para ele poder ser levado por aí. Ideia do seu Téo...

O homem aproveitou que falaram seu nome para entrar na conversa:

— Vou levar esse moleque para tudo que é canto do sítio. A senhora não precisa se preocupar, não, dona Ana.

Ana e Luís Fernando despediram-se e seguiram rumo à cidade. E Paulo foi levado para seu quarto, que oferecia uma bela vista do lago pequeno coberto de vegetação. Havia no sítio um lago maior, muito melhor para nadar e pescar; no entanto, o lago menor sempre exercera uma atração no jovem.

Observando-o através da janela, Paulo lembrou-se de Glória. Gostava dela, porém não se sentia correspondido. O campeonato era sua oportunidade de se destacar e ser notado. Agora, porém, o sonho se desmoronara. Parecia que era seu destino continuar ignorado pela garota.

— O que é que você está pensando? Parece que está longe...

Era seu Téo que vinha lhe fazer companhia.

— Que bom que o senhor veio — alegrou-se Paulo. — Estava mesmo querendo falar com o senhor...

— O que é? Está preocupado por causa da perna?

— Não, seu Téo — riu o jovem. — É que... que... Bem, eu estava pensando numa garota. Uma garota de quem eu gosto...

— Ora, isso é muito bom.

— Não sei, não. Ela nem percebe que eu existo. E não sei se algum dia ela vai gostar de mim.

— E por que não haveria de gostar? Não é uma menina da sua idade?

Paulo pensou um pouco e desabafou:

— É por causa da minha cor, seu Téo... Glória é branca.

— E você está preocupado com isso? — repreendeu o homem. — Eu me lembro como se fosse hoje a alegria do seu pai e da sua mãe no dia em que trouxeram você para cá. Eles podiam ter escolhido um menininho loirinho de olhos azuis para adotar, mas escolheram você.

Como o jovem não dissesse nada, seu Téo arrematou:

— Se a gente não aceitar e não gostar da própria cor, quem é que vai gostar?

O garoto sorriu e seus olhos brilharam com intensidade.

— Meus pais sempre me ensinaram isso. Mas é bom ouvir do senhor, também.

Emocionados, os dois se abraçaram.

— Estava com saudade de ver vocês dois juntos — disse dona Belinha, entrando no quarto. — O que acham de experimentar um bolo de fubá, que acabei de tirar do forno?

Seu Téo ajudou Paulo a sentar na cadeira de rodas improvisada e dirigiram-se para a cozinha. Os dois comeram com disposição — ninguém diria que tinham acabado de almoçar — e foram para o caramanchão, onde a avó lidava com suas plantas.

— Vó, como é que suas orquídeas ficaram assim tão bonitas? Nunca vi nada igual!

— Foi ele quem me ensinou o segredo — explicou dona Belinha, apontando para seu Téo. — Um dia, me disse para regá-las com água do lago pequeno... Daquele dia em diante, tenho participado de exposições e até ganhei alguns prêmios.

— Seu Téo, o que é que a água do lago tem de tão especial? — interrogou o garoto, interessado.

Meio sem jeito, o homem não respondeu. E convidou:

— Você não quer dar uma volta pelo sítio?

— Tem certeza de que eu não vou cair deste carrinho?

— Que é isso, menino?! Não tem confiança neste velho, não?

E lá se foram os dois para a parte mais plana do sítio, onde ficava o pomar. Paulo olhou a sua volta, admirado, e comentou:

— Sabe, seu Téo, lá na cidade tem gente que não sabe como nasce uma jabuticaba, nunca viu um pé de carambola...

— Eu acredito. Quem vive na cidade não conhece um montão de coisa aqui da roça. Não sabe o cheiro que a terra tem, o mundão de estrelas no céu...

— E o lago? — cortou Paulo. — O senhor enrolou e não me respondeu. Por que as orquídeas da vovó ficaram tão bonitas?

O velho mexeu a cabeça de um lado e de outro. Depois, respondeu de forma evasiva:

— Ora, não tem nada a ver. É que sua avó cuida bem delas.

— Eu acho que aí tem coisa... Quando vinha passar férias aqui, o senhor contava histórias sobre o lago pequeno... Dizia que o lago era mágico.

— Nossa! Você ainda se lembra? Naquela época você não tinha nem 7 anos... Era tudo bobagem, invenção da minha cabeça...

— Invenção nada — riu Paulo, duvidando.

— Com essas coisas não se brinca... — advertiu seu Téo, sério.

— Não estou brincando, não. Sempre acreditei nas histórias que o senhor me contava... Sobre os escravos e os quilombos... E sobre aquela coisa de o lago ser mágico...

Ainda sério, o homem disse:

— Amanhã eu conto o que sei... se você prometer não comentar com ninguém.

2

A passagem secreta

Paulo ficou entusiasmado com a promessa. Entretanto, nos dias seguintes, não encontrou jeito de ficar sozinho com seu Téo e cobrar o prometido. O amigo era um homem muito ocupado. Naquela manhã, o avô e seu Téo haviam ido à cidade, e a avó estava muito atarefada na cozinha. O pé enfaixado finalmente havia parado de doer e o jovem resolveu dar uma volta. Afinal, seu avô já tinha até providenciado uma bengala... Pensou em avisar a avó, mas desistiu. Não havia razão para isso, concluiu.

A caminho do lago, lembrou-se de Glória e sentiu saudade. Pensou como seria bom aproximar-se dela quando voltasse à escola. Recordou-se do que seu Téo dissera e pensou: "Se ela gostar de mim, não vai ligar para a cor da pele..."

Distraído com esse pensamento, foi caminhando. Quando se deu conta, estava nas margens do lago pequeno, quase oculto pela alta vegetação. O sol inundava de calor e claridade a manhã. Porém, nas margens do lago, a temperatura era muito agradável.

Paulo sentou-se na borda e mergulhou os pés na água fresca. Fez isso com tanta naturalidade que até se esqueceu de que um deles estava enfaixado. Quando percebeu, já havia molhado toda a bandagem.

— Puxa vida! É melhor tirar esta faixa.

Estava terminando de desenrolá-la, quando, num gesto mais brusco, perdeu o equilíbrio e escorregou para dentro da água.

Paulo sabia que o lago não era muito fundo; teria no máximo uns 2 metros de profundidade. No entanto, percebeu que estava afundando mais que isso, como se o lago não tivesse fim. E, quanto mais afundava, mais clara e brilhante ia ficando a água! Como podia ser aquilo?! E se havia afundado tantos metros, de onde vinha toda aquela claridade?

Embora nadasse bem, o garoto não conseguia subir à tona. Era como se algo muito forte o puxasse para baixo. Então, de repente, uma correnteza desviou seu mergulho para o lado, atirando-o para a entrada de uma gruta. Seu corpo passou por ela sem problemas e foi parar numa espécie de praia. A surpresa foi tamanha que Paulo não percebeu o detalhe: nem bem havia saído da água e suas roupas já estavam secas.

Continuou sem entender até que ouviu chamar:

— Paulo, venha me ajudar!

O jovem olhou a sua volta. Mal podia acreditar no que estava acontecendo. "Acho que estou sonhando", pensou ele. Como alguém, ali, poderia conhecê-lo? Ouviu novamente a voz, parecia de uma menina. E era. Ao descobrir quem o chamava, perdeu a fala. Tentou afastar-se, mas seus pés não obedeceram. E a jovem pediu mais uma vez:

— Paulo, por favor, me ajude aqui. Eu não posso carregar isto sozinha.

E não era para menos; aquela criaturinha carregaria com dificuldade até uma bola de futebol. Paulo esfregou os olhos, mas a sensação de sonho não passou. A estranhíssima menina insistia em pedir sua ajuda.

— Paulo, me ajude com estes cubos!

Só então ele percebeu os cubos a sua volta, pouco menores que ela. Ainda aturdido, perguntou:

— O que está acontecendo? Eu virei gigante?

— Não, eu é que sou pequena. Nunca ouviu falar no povo pequeno que habita algumas florestas?

— Puxa, será que era isso que seu Téo tinha para me contar? — falou Paulo, quase num sussurro.

— Exatamente. O lago é uma das entradas para a Terra do Povo Pequeno. Não se preocupe, eu vou lhe explicar tudo. Agora, me ajude com estes cubos.

Paulo ainda não estava satisfeito:

— Como é que você sabe meu nome?

— Eu ouvi uma conversa entre você e seu Téo... Tinha certeza de que você acabaria vindo para cá.

— Acho bom você me explicar o que está acontecendo, porque não estou entendendo nada...

Os cubos eram feitos de um material dourado que Paulo não conhecia. Eram mais leves do que aparentavam e formados de placas sobrepostas com a superfície quadriculada.

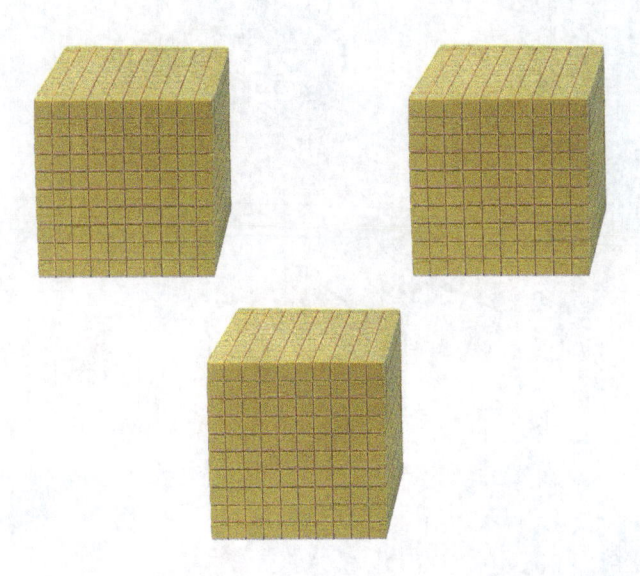

3

A menina dos cubos

Sem se preocupar com o espanto do visitante, a jovem pediu que ele transportasse os cubos para cima de uma mesa improvisada, à sombra de uma bela árvore. Sugeriu, em seguida, que ele usasse uma pedra como assento, enquanto ela se ajeitava sobre a mesa, ao lado dos cubos.

— Meu nome é Sara e estou com um problema — revelou finalmente a mocinha. — Preciso decifrar esses cubos.

— Muito prazer, Sara. Mas eu não sei decifrar cubos...

— Eu preciso de alguém que conheça frações...

— Está bem — concordou Paulo. — Você me conta tudo sobre este lugar, sobre o povo pequeno e eu ajudo você com as frações.

Como Sara concordasse, Paulo começou a investigar os cubos misteriosos. Pegando um deles, tentou desmanchá-lo.

— Esses cubos são formados por placas que não se soltam, parecem coladas...

— Podemos jogar um pouco de água — sugeriu Sara. — A água de algumas nascentes daqui possui muitas propriedades; talvez consiga soltar as placas.

A ideia de Sara funcionou e logo ela percebeu:

— Cada cubo é formado por 10 placas! Veja só:

— É mesmo! Mas o que acontece com essa água? Por que ela pode soltar as peças? — indagou Paulo, curioso.

— É uma água diferente. Você não percebeu que ela quase não molha?

— Puxa, este lugar é estranho mesmo!

— Eu tenho certeza de que você vai gostar daqui — acrescentou Sara. — Vamos continuar?

— Tudo bem — concordou Paulo. — Antes, porém, eu preciso saber o que você pretende...

— Preciso relacionar estas peças com os números decimais.

— E o que as frações têm a ver com números... ahn... números decimais? — estranhou o jovem. — Eu não sei nada sobre eles.

— Números decimais são aqueles que se escrevem com vírgula — explicou a jovem. — Preciso saber o que estas peças têm a ver com eles. Eu fui desafiada e tenho de resolver a questão.

Paulo voltou sua atenção para os cubos e recomeçou:

— Já vimos que estes cubos são formados por 10 placas quadradas... Podemos dizer que o cubo é um inteiro, não é mesmo?

— Sim! — afirmou Sara.

— O cubo é um inteiro e cada cubo é formado por 10 placas, portanto cada placa é uma fração do cubo...

— Que fração? — precipitou-se Sara.

— Cada placa é a décima parte do cubo... Cada placa é 1 décimo do cubo.

Sara mostrou-lhe um lápis e um bloco de anotações. O jovem estranhou o súbito aparecimento dos objetos, mas começou a anotar.

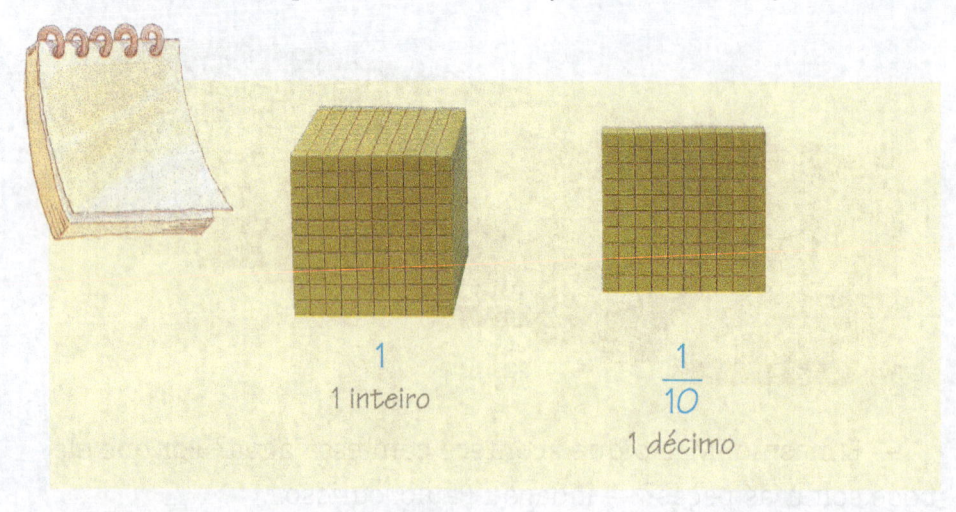

1
1 inteiro

$\dfrac{1}{10}$
1 décimo

Sara observou e perguntou em seguida:

— Um décimo se escreve assim?

— Isso mesmo. O número que fica embaixo do traço é chamado denominador e indica em quantas partes o inteiro foi dividido. O número que fica acima do traço é o numerador e indica quantas dessas partes estamos considerando.

— Então, para indicar que eu tenho 3 placas, usaria a fração 3 décimos... É assim?

E escreveu:

$$\frac{3}{10}$$

— Muito bem!

Continuando, Paulo pegou uma das placas e disse:

— Agora vamos desmanchar esta placa, Sara. Jogue um pouco dessa água nela.

Ela despejou a água e, aos poucos, a placa foi se desmanchando em 10 barras.

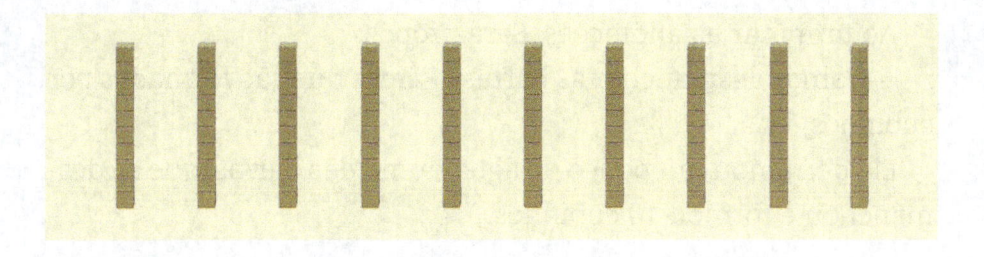

— Veja, Paulo — apontou ela. — Cada placa é formada por 10 barras.

— Certo. Me diga uma coisa... Se a gente só tivesse barras como estas, quantas seriam necessárias para formar um inteiro? Ou seja, o cubo?

Sara pensou rápido e arriscou:

— Se cada placa é formada por 10 barras... E cada cubo é formado por 10 placas... Vamos precisar de 100 barras para formar um cubo.

— Isso! Então uma barra é um centésimo do inteiro...

— Um centésimo? — arriscou ela. — Faz tanto tempo que não vejo frações... Deve fazer uns 200 anos...

— Duzentos anos?!? — perguntou Paulo, espantado.

— Ahn... Foi força de expressão — disfarçou ela, anotando sua descoberta no papel.

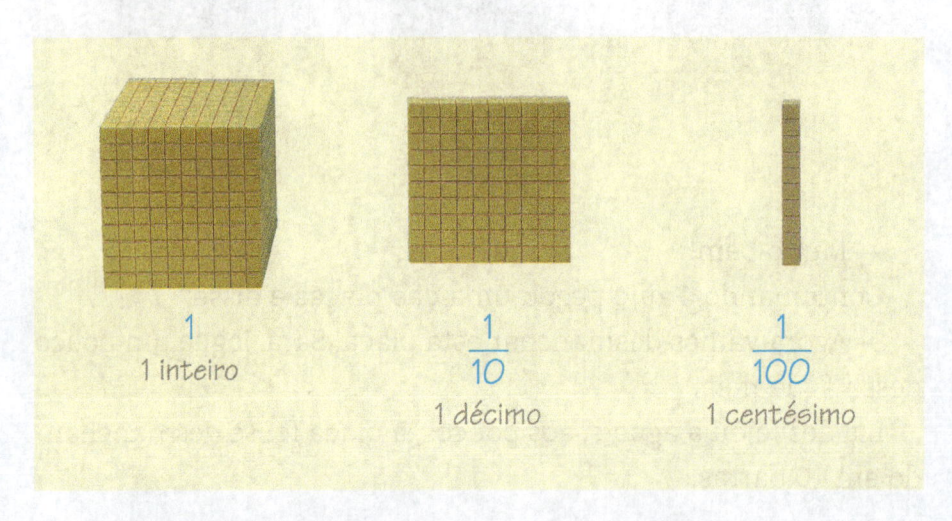

$$1$$
1 inteiro

$$\frac{1}{10}$$
1 décimo

$$\frac{1}{100}$$
1 centésimo

Ao terminar as anotações, Sara propôs:

— Vamos desmanchar as barras? Parece que são formadas por cubinhos, veja...

Ela derramou um pouco de água numa das barras, que se desmanchou e formou 10 cubinhos.

— Cada barra é formada por 10 cubinhos! — verificou ela, entusiasmada.

— Isso mesmo. E quantos cubinhos você precisaria para formar um cubo inteiro? — devolveu Paulo.

— Dez placas formam um inteiro, e cada placa é formada por

10 barras. Como cada barra é formada por 10 cubinhos, preciso de 1000 cubinhos para formar um cubo inteiro.

— Está certo — concordou Paulo. — Podemos dizer, portanto, que cada cubinho é a milésima parte do cubo que representa nosso inteiro. Veja como eu represento isso em fração decimal...

— Que negócio é esse de fração decimal? — estranhou Sara. — Até agora você tinha falado em fração e nada mais.

Paulo deu-lhe um sorriso tranquilizador e revelou:

— É muito simples... Veja: as frações que estas peças representam — a placa, a barra e o cubinho — têm como denominadores 10, 100 e 1000. Por isso elas recebem o nome especial de frações decimais, entendeu?

Fração decimal é aquela cujo denominador é 10 ou potência de 10 (100, 1000, 10000...).

— Acho que sim. Vou representar a fração correspondente ao cubinho... — ao mesmo tempo, a garota escrevia todas as descobertas que já tinham sido feitas.

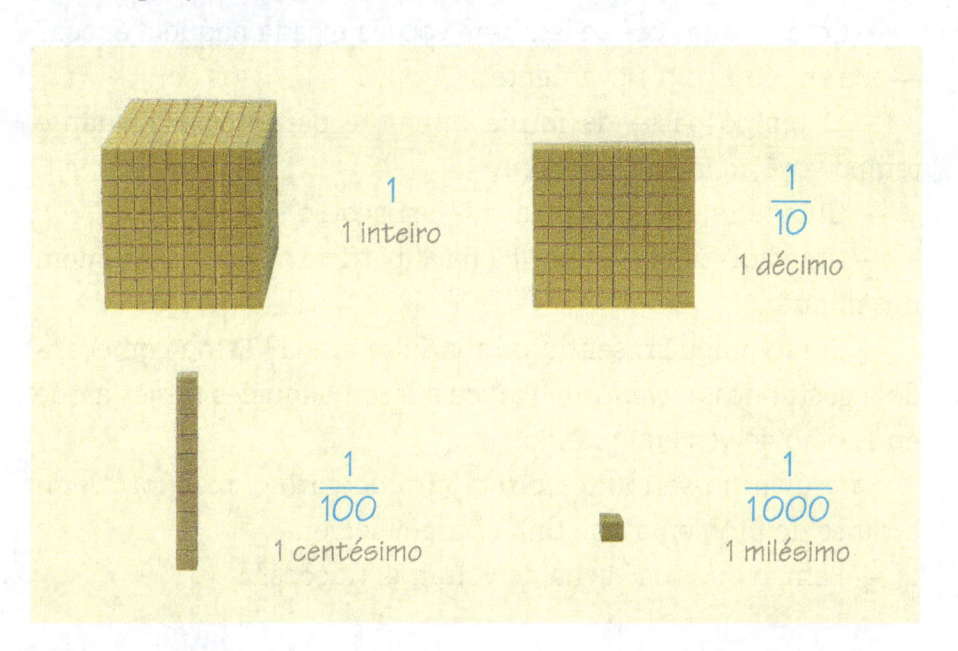

1
1 inteiro

$\dfrac{1}{10}$
1 décimo

$\dfrac{1}{100}$
1 centésimo

$\dfrac{1}{1000}$
1 milésimo

Mesmo sabendo que ia interromper a concentração da amiga, Paulo perguntou:

— Meus avós conhecem este lugar? Quer dizer... Eles sabem do lago, da passagem secreta?

— Não. Só as crianças e os jovens podem chegar até aqui. Os adultos não acreditam que nós existimos, pensam que somos uma lenda.

— E se um adulto cair no lago? — insistiu o garoto.

— Para os adultos, o lago tem poucos metros de profundidade. Eles perderam a imaginação e, por isso, não encontram a passagem.

— E eu? Como a encontrei?

— É que para você a passagem era uma coisa possível. Você acreditou no seu Téo, nas histórias dele. Percebeu agora a relação entre o crescimento das orquídeas de sua avó e a água do lago.

— Seu Téo esteve aqui? — quis saber o garoto.

— Ele não, mas muitos dos antepassados dele, que eram escravos, sim. Lembro-me como se fosse hoje da época em que criaram um grande quilombo. Eles se reuniam aqui, buscando maneiras de lutar pela liberdade.

— Como é que você se lembra? Você já existia naquela época? — estranhou Paulo, novamente.

— O tempo passa de forma diferente para nós. Há quanto tempo você acha que está aqui?

— Uma hora, mais ou menos — arriscou o jovem.

— Uma hora? Está vendo? Lá na superfície não se passou nem um minuto.

— Então ninguém sentiu minha falta ainda? Estou começando a gostar desta aventura. Parece até um daqueles filmes a que eu assisto de vez em quando.

Sara divertiu-se muito com o jeito do garoto, mas logo lembrou-se do problema que tinha para resolver:

— Bem, o que você acha de voltar às frações?

4

Decifrando as peças

Paulo ainda tinha um monte de perguntas a fazer, estava morrendo de curiosidade. Mas não conseguiu arrancar mais nenhuma informação da menina, que só queria saber dos tais cubos e sua relação com os números decimais. Por fim, depois de muito insistir, o visitante cedeu e tentou se lembrar do que havia aprendido nas aulas de Matemática:

— Acho que todas estas peças podem ser representadas por frações decimais.

Dizendo isso, Paulo separou algumas delas. Em seguida pediu que Sara fosse dizendo que frações decimais representavam, enquanto ele ia escrevendo.

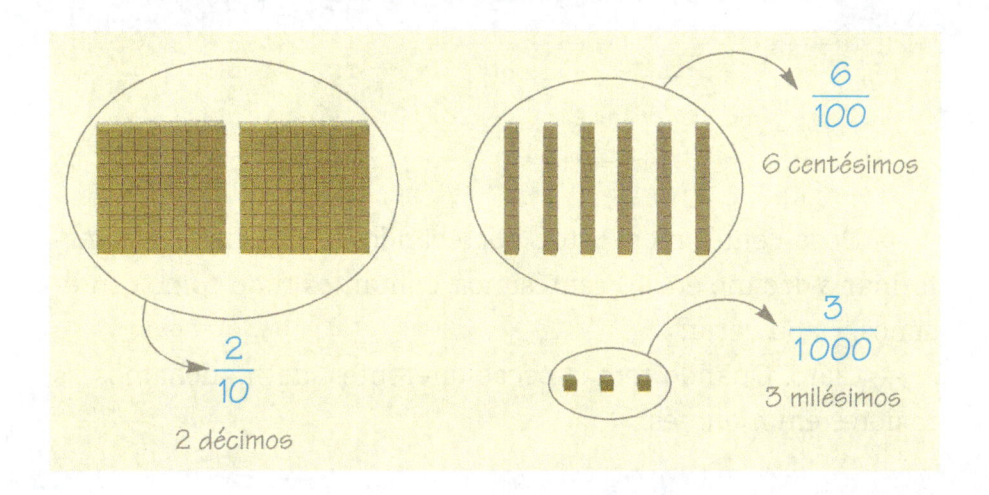

$$\frac{6}{100}$$
6 centésimos

$$\frac{2}{10}$$
2 décimos

$$\frac{3}{1000}$$
3 milésimos

— Estamos indo bem, não? — observou Sara. — E se tivermos dois tipos de peças diferentes... uma placa e 2 barras, por exemplo?

— Uma placa equivale a 10 barras, então contamos tudo como se fossem barras.

Paulo separou as peças que Sara havia sugerido:

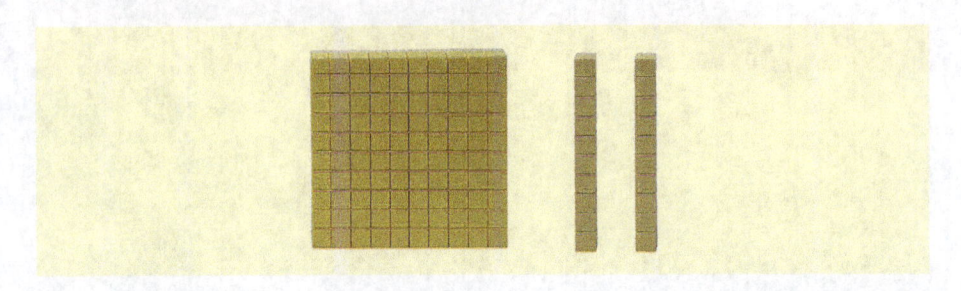

— Uma placa é um décimo e também 10 centésimos — observou Sara, desmanchando a placa em 10 barras.

— Isso mesmo — confirmou Paulo. — Quantos centésimos temos aqui, Sara?

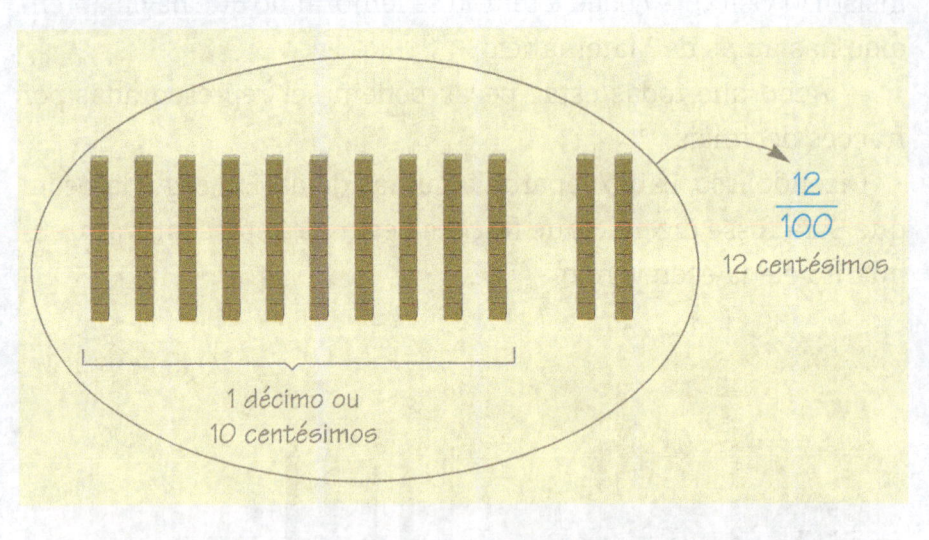

$$\frac{12}{100}$$

12 centésimos

1 décimo ou
10 centésimos

— Doze centésimos. Estou começando a entender. Ao transformar o décimo em 10 centésimos, contamos tudo como centésimos. Estou certa?

— Claro. Quando temos peças diferentes, desmanchamos as maiores em menores.

Sara pegou, então, uma placa e 3 cubinhos.

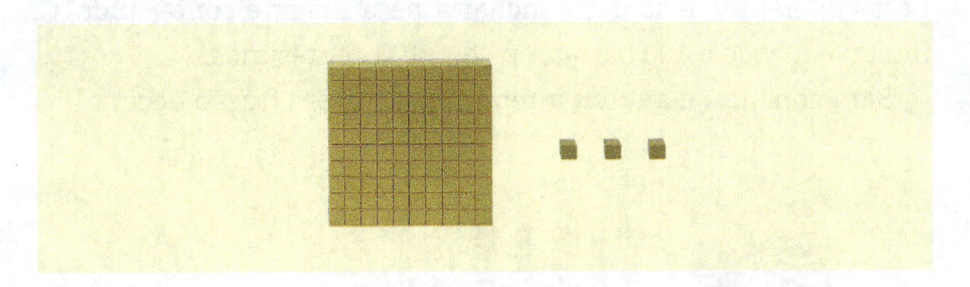

Desmanchou um décimo em 100 milésimos e contou os milésimos todos.

Em pouco tempo o rascunho estava pronto.

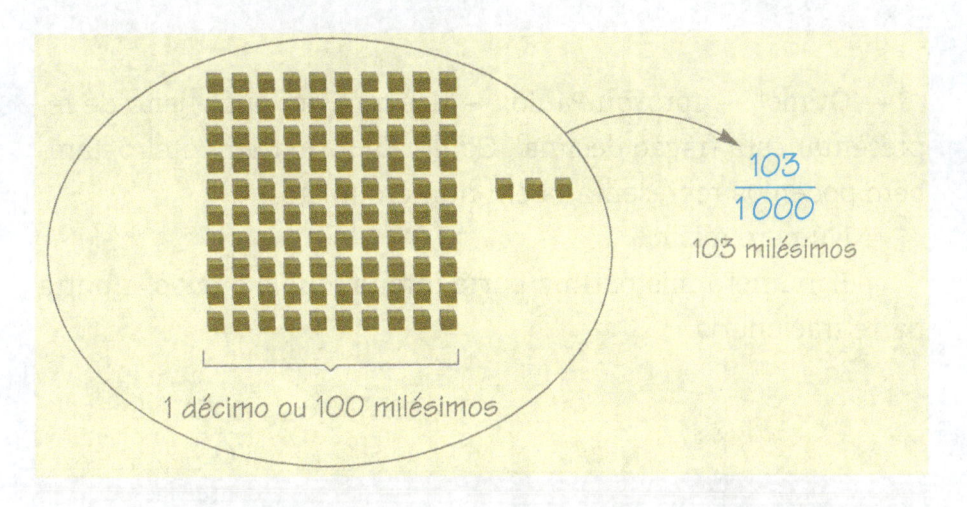

$$\frac{103}{1000}$$

103 milésimos

1 décimo ou 100 milésimos

— Muito bem! — elogiou Paulo. — Um décimo e 3 milésimos é o mesmo que 103 milésimos.

Dizendo isso, pegou o cubo, que representava um inteiro, e 5 barras.

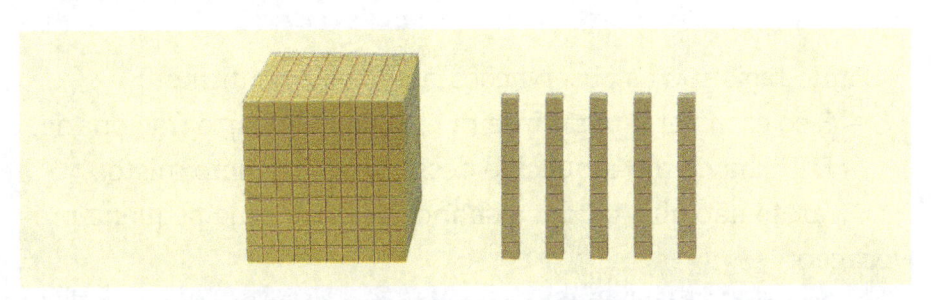

— Hum... Está muito fácil — comentou Sara. — Quando temos peças diferentes, é só desmanchar a peça maior e contar tudo. O inteiro equivale a 100 barras, ou seja, 100 centésimos.

Sara concluiu e anotou a representação em fração decimal:

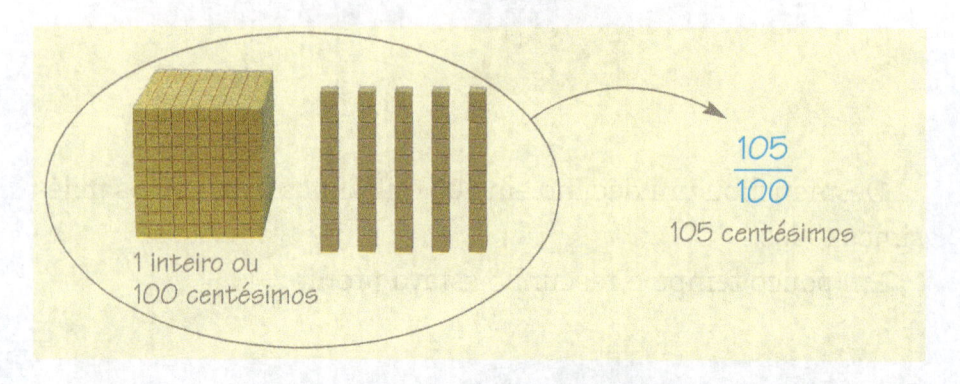

1 inteiro ou
100 centésimos

$$\frac{105}{100}$$

105 centésimos

— Ótimo! — aprovou Paulo. — Mas tem um outro jeito de representar esta fração decimal. Como ela forma um inteiro, também podemos representá-la em número misto.

— Número misto?

— É, número misto. Uma parte inteira, que é o cubo, e outra parte fracionária.

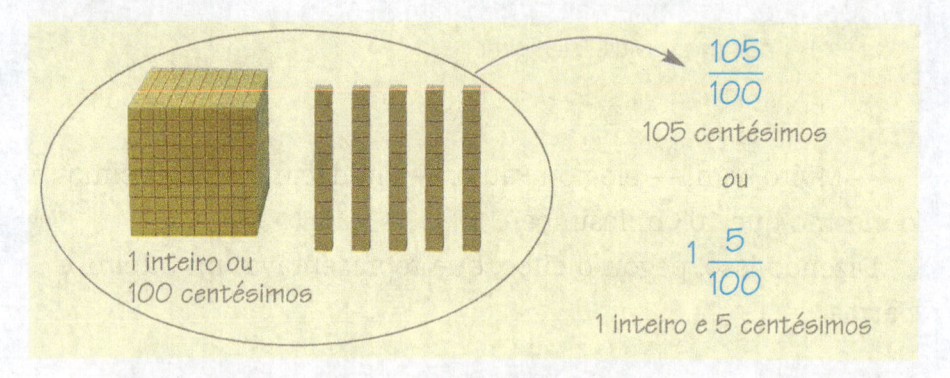

1 inteiro ou
100 centésimos

$$\frac{105}{100}$$

105 centésimos

ou

$$1\frac{5}{100}$$

1 inteiro e 5 centésimos

Paulo registrou as observações no bloco e confirmou:

— É só escrever a parte inteira e, ao lado, a parte fracionária.

— Eu já havia me esquecido desse tal de número misto.

O garoto não quis perder a chance de fazer uma pequena provocação:

— Imagino. Você deve ter aprendido isso há muito tempo, não é?

5

Montando o quebra-cabeça

Uma mata circundava a praia, tornando-a ainda mais bonita. Sara concordou em passear um pouco pelos arredores e dar uma pausa na conversa sobre frações. Paulo aproveitou para matar a curiosidade:

— O lago pequeno no sítio dos meus avós é a única passagem para este lugar?

— Não, muitos lagos dão acesso à Terra do Povo Pequeno. Um lago coberto de vegetação ou envolto em nevoeiro pode ser uma entrada. Mas, como já disse, só crianças e jovens podem ter acesso. E a entrada só pode ser encontrada raríssimas vezes...

— Quer dizer que dificilmente poderei voltar aqui? — indagou o jovem, decepcionado.

— Bem, na verdade, não é uma questão de poder ou não; é questão de precisar. Quem conhece esta região e conviveu conosco dificilmente precisa voltar.

— Lá vem você com seus mistérios de novo...

— Há coisas que a gente precisa primeiro vivenciar, para depois entender. Não adianta explicar para você agora. É como se você tentasse me explicar frações só falando... Acha que eu entenderia?

Paulo hesitou um instante, mas acabou concordando:

— Tem razão. Montando e desmontando estas peças, comparando e analisando fica mais fácil.

De repente, Paulo se deu conta de que não tinha visto mais ninguém naquele local misterioso.

— Você vive sozinha aqui?

— Não, é que estão todos ocupados, como eu. Durante toda sua permanência, serei responsável por você. Mas não tenho tempo para contar mais nada agora. Precisamos voltar à Matemática, Paulo.

— Já?! Você não pensa em outra coisa?

— Isso é muito importante para mim, Paulo. Logo você vai saber o motivo.

— Você e os seus mistérios...

— Existe uma ordem que deve ser obedecida ao se representarem unidades, dezenas, centenas?

— Claro que sim: a dezena é 10 vezes maior que a unidade e fica a sua esquerda. A centena é 10 vezes maior que a dezena e fica a sua esquerda. E assim por diante.

— Então, no sistema de numeração decimal, as posições à esquerda representam valores 10 vezes maiores... — completou Sara.

— ... e as posições à direita sempre representam valores 10 vezes menores — disse o garoto, preparando a seguinte tabela:

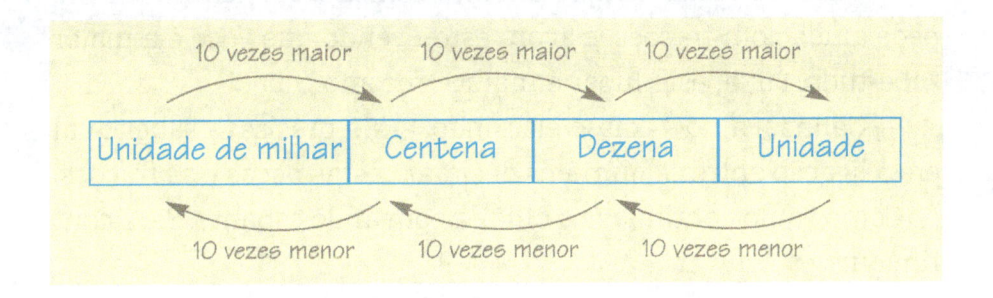

Sara observou a tabela e comentou:

— Cada casa decimal é 10 vezes menor que sua vizinha da esquerda e 10 vezes maior que sua vizinha da direita.

— Estou percebendo uma coisa... a unidade também é 10 vezes maior que o décimo.

— E onde fica a casa dos décimos? — perguntou Sara.

— Nós vimos que as casas decimais à direita são sempre 10 vezes menores que sua vizinha, certo? Então, a casa dos décimos só pode ficar à direita da casa das unidades.

E Paulo escreveu:

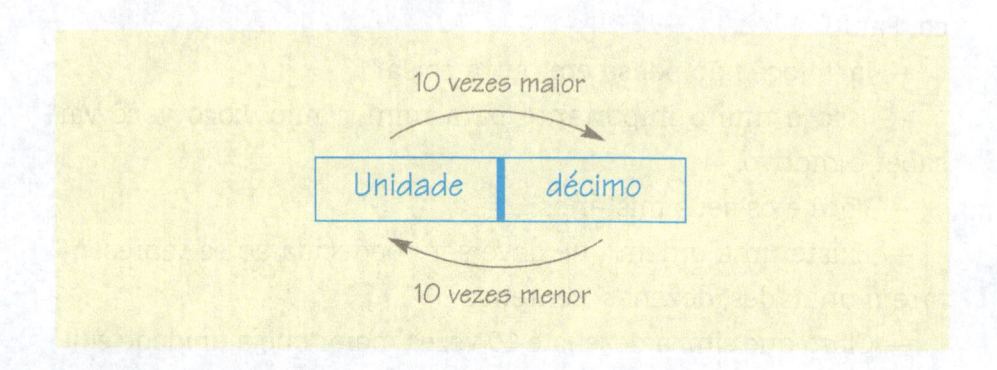

— Você disse que não conhecia frações, nem décimos, centésimos ou milésimos... Como é que...

— Eu disse que precisava de ajuda com as frações. Agora estamos falando de números decimais. O décimo fica à direita da unidade, por ser 10 vezes menor do que ela — completou Sara.

— Olhe, eu estou completamente confuso. Primeiro, você me pede ajuda com frações, e agora estou vendo que você é a maior sabe-tudo. Puxa, este lugar é maluco mesmo.

— Calma, Paulo — disse ela, rindo. — Só precisava saber qual era a ligação entre os números decimais, estas peças e as frações.

Como Paulo continuava a olhá-la com ar de espanto, Sara continuou:

— Veja, é simples! Você pensa em fração decimal e eu em número decimal. Estamos falando da mesma coisa, mas de forma diferente.

O garoto concordou com um gesto de cabeça, e Sara perguntou:

— Onde você acha que fica a casa dos centésimos?

— Eu sei que o centésimo é 10 vezes menor que o décimo e,

como as casas decimais 10 vezes menores estão sempre à direita, a casa dos centésimos deve ficar à direita da casa dos décimos.

Sara fez que sim e completou a tabela:

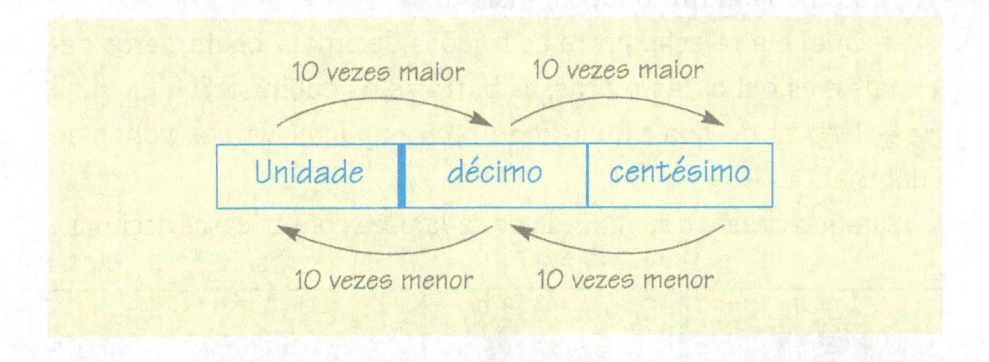

Paulo observou e propôs:

— Então posso descobrir também onde fica a casa dos milésimos.

— Claro! Continue.

— Como o milésimo é 10 vezes menor que o centésimo, a casa dos milésimos fica à direita da casa dos centésimos.

Diante da confirmação de Sara, o jovem completou a tabela:

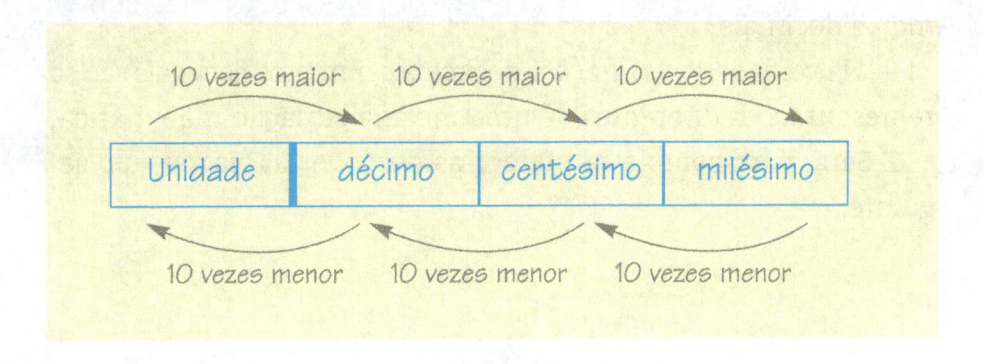

— Por que é que você sempre faz uma separação diferente entre a casa das unidades e a casa dos décimos? — perguntou Paulo.

— Porque do décimo para a direita os valores são menores que o inteiro, representado pela unidade — explicou Sara.

— Com isso você quer dizer que, quando nos referimos à unidade, dezena, centena e assim por diante, estamos considerando inteiros?

— Perfeito. E, ao nos referirmos a décimos, centésimos e milésimos, estamos considerando quantidades menores que o inteiro — completou Sara.

Paulo pensou um pouco e insistiu:

— Qual é a relação entre as frações decimais, os números decimais e os cubos, as placas, as barras e os cubinhos?

— Depois de sua ajuda ficou fácil explicar. Vamos voltar ao material.

Sara relacionou o significado de cada peça com as casas decimais:

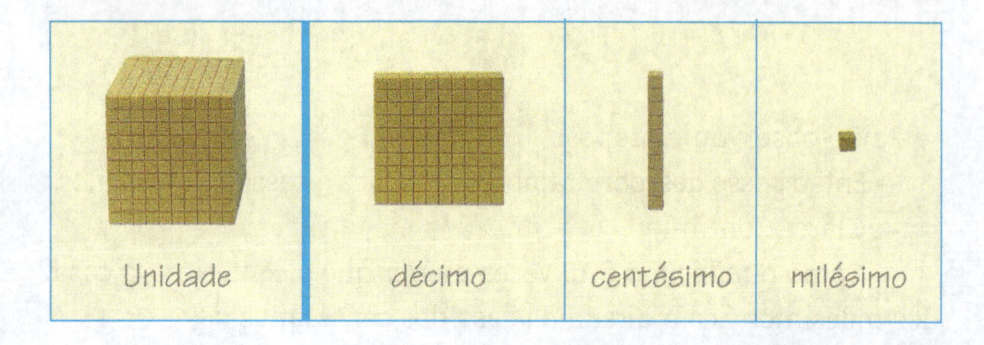

| Unidade | décimo | centésimo | milésimo |

— Quer dizer que essas peças representam as frações e os números decimais?

— Na verdade, Paulo, frações decimais e números decimais são só representações diferentes de uma mesma situação matemática.

E Sara, para completar melhor as descobertas, escreveu o seguinte:

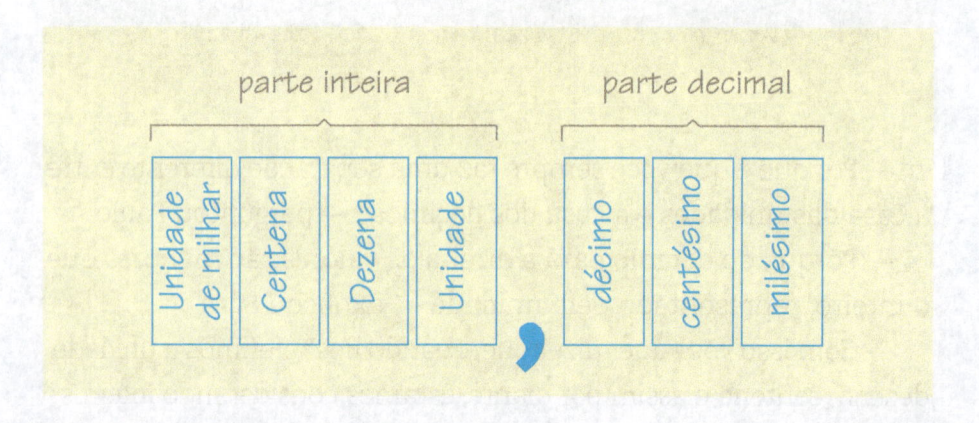

— A vírgula separa a parte inteira da parte decimal.

Paulo observou a tabela e vibrou com o resultado:

— Que legal! Eu sempre vi números escritos com vírgula, mas não sabia o que eles representavam. Mas como foi que eu consegui ajudar você só com o que falei sobre frações?

— Você me ajudou muito ao perceber que a placa era a décima parte do inteiro, que a barra era a centésima parte do inteiro e que o cubinho era a milésima parte. Juntos estamos decifrando este material.

— Puxa! Acho que podemos até dar um tempinho! Bem que merecemos um passeio, você não acha? — sugeriu Paulo.

— Vamos lá — concordou Sara, rindo. — Já é hora de você saber um pouco mais sobre nós.

6

Wiujam e o castelo

Os dois seguiram pela praia e entraram por um lugar de vegetação muito densa até encontrar um caminho. E, num piscar de olhos, desembocaram numa clareira onde se erguia uma espécie de castelo.

— O que é aquilo? — estranhou o jovem.

— Vamos lá, amigo — convidou Sara. — Você não estava curioso para conhecer o povo pequeno?

Paulo acompanhou sua guia e, logo que entrou no pátio do castelo, viu várias pessoas reunidas, todas mais ou menos do tamanho de Sara.

— Está parecendo uma festa... O que eles estão comemorando?

— Venha e pergunte ao Wiujam.

O povo pequeno mostrou-se muito alegre e acolhedor. Embora se sentisse um gigante entre eles, percebeu que ninguém ali se importava com seu tamanho e muito menos com sua cor. Estava ainda impressionado com tudo aquilo quando ouviu:

— Seja bem-vindo, Paulo. Que bom que você veio para a nossa festa! Eu sou Wiujam.

— Oi, Wiujam... Você... Você já me conhece? Como sabe o meu nome?

— Não estranhe, não. É que, entre outras coisas, nós desenvolvemos a telepatia. Nós nos comunicamos a distância pelas ondas do pensamento.

Paulo ficava cada vez mais intrigado. E uma certeza crescia dentro dele: aquele local ainda lhe reservaria muitas surpresas.

— Você está certo, garoto — respondeu Wiujam, captando seu pensamento. — E já que você quer saber... Estamos comemorando a partida de alguns jovens. Eles permaneceram um tempo conosco, mas já conseguiram atingir seus objetivos.

— Objetivos? Que objetivos?

— Uma garotinha chinesa, por exemplo, tinha medo de escuro. Aqui ela conseguiu entender o porquê disso e já não se assusta mais com a escuridão. Uma jovenzinha russa deixou de gaguejar. Um garoto americano descobriu que poderia praticar esportes. Os três acabaram de se dirigir à superfície, cada um para seu lago de origem.

— Como é que eles conseguiram? É algum método mágico?

O homenzinho sorriu e explicou:

— Não há nada de mágico. Nós apenas criamos situações para que cada um resolva seu problema sozinho. Vou lhe dar um exemplo. Outro dia veio aqui um menino que se achava muito feio. Quando ele chegou, escondemos todos os espelhos, de forma que ficasse muito tempo sem se ver.

— E deu certo?

— Depois de algum tempo, deixamos que ele entrasse numa sala; nela havia centenas de rostos, de todos os tipos. Combinamos que ele poderia escolher o rosto que desejasse, e foi o que fez. Depois de algum tempo, ele encontrou um que achou simpático e amigo. Adivinhe o que aconteceu?

Como Paulo não soubesse o que dizer, Wiujam revelou:

— Ele escolheu o próprio rosto.

— Que legal!

— Nós só criamos a situação, a escolha foi dele. E assim ele superou o fato de se achar feio.

— Seu Téo me contou muitas histórias sobre o lago parecidas com essas. E, agora... Agora estou aqui, conversando com você, Wiujam!

Wiujam sorriu:

— Eu posso garantir que as histórias contadas pelo velho Teófilo são verdadeiras. Muitos jovens escravos vieram aqui e se organizaram, buscando maneiras de lutar por sua liberdade.

— Quer saber de uma coisa? Estou adorando este lugar e todos vocês! E a Sara tem me ajudado a conhecer números decimais!

— E você, Paulo — acrescentou ela —, tem me ajudado a desvendar o mistério das peças douradas!

Enquanto observava aquelas pessoas tão diferentes, Paulo começou a se perguntar por que afinal tinha ido parar na Terra do Povo Pequeno. Será que ele também conseguiria atingir seu objetivo?

7

Cada um em seu lugar

De volta à praia, Paulo comentou:

— Adorei a festa e seus amigos, Sara.

Depois que falou, se deu conta:

— Ei, eu não devia ficar andando tanto com este pé machucado!

— Não se preocupe. Seu tornozelo já está bom. Ou você duvida dos poderes deste lugar? Você nem percebeu e está até calçado!

— É mesmo! E desde que cheguei aqui, não senti dor alguma.

— Que tal então voltarmos à Matemática? — cobrou Sara.

— Tudo bem — respondeu o garoto. — Essa história de números decimais já está virando um desafio para mim também.

— Que bom! Qual foi mesmo nossa última descoberta?

Paulo conferiu as últimas anotações e disse:

— Chegamos à conclusão de que a vírgula é usada para separar a parte inteira da parte decimal. Você ia me mostrar como foi que das frações decimais nós chegamos a essas conclusões.

— Ótimo! Acompanhe meu raciocínio e observe novamente as peças que vamos usar para transformar as frações decimais em números decimais.

Sara pegou o cubo que representava o inteiro e separou; pegou também uma placa que correspondia a um décimo do inteiro.

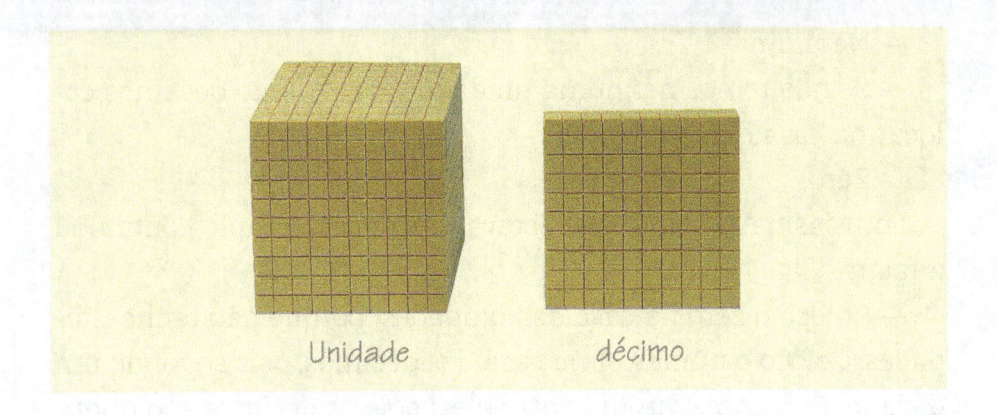

Unidade   décimo

Em seguida, comentou:

— Nosso inteiro, que é o cubo, servirá para não perdermos a referência da unidade. Agora me diga: o que a placa representa do inteiro?

— A placa é um décimo do inteiro.

— Isso — concordou Sara. — E, em relação à unidade, onde se localiza a casa dos décimos?

— Fica à direita da casa das unidades, uma vez que o décimo é 10 vezes menor que a unidade.

— Paulo, você está sabendo tudo!

Sara aplaudiu-o e, voltando às anotações, escreveu o seguinte:

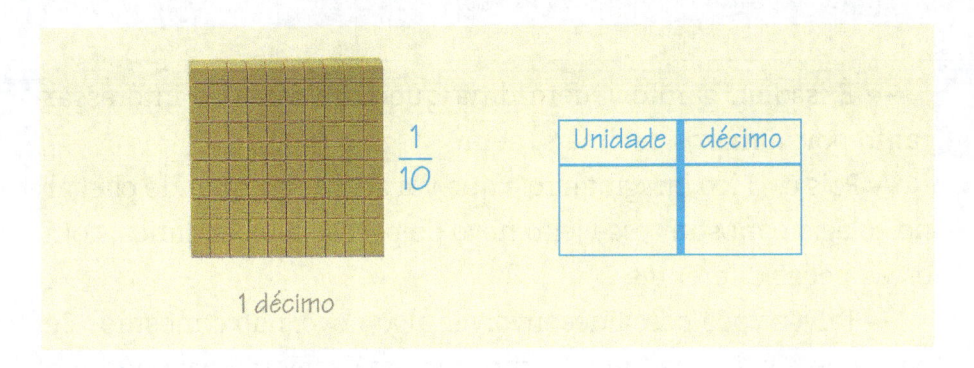

$\dfrac{1}{10}$

Unidade	décimo

1 décimo

Paulo perguntou:

— E nessa tabela que você fez, o que vamos escrever?

— Bom... Quando tenho uma placa, ou seja, um décimo, quantas unidades tenho?

— Nenhuma!

— Se não temos nenhuma unidade, que número devemos colocar na casa das unidades?

— Zero!

Entusiasmado com o que estava descobrindo, Paulo continuou a falar:

— Coloco o zero na casa das unidades, porque não tenho unidades. Coloco o número 1 na casa dos décimos, pois só tenho um décimo. E coloco a vírgula entre eles, pois os décimos são quantidades menores que o inteiro! Gostou?

Dizendo isso, Paulo completou a tabela que Sara havia preparado:

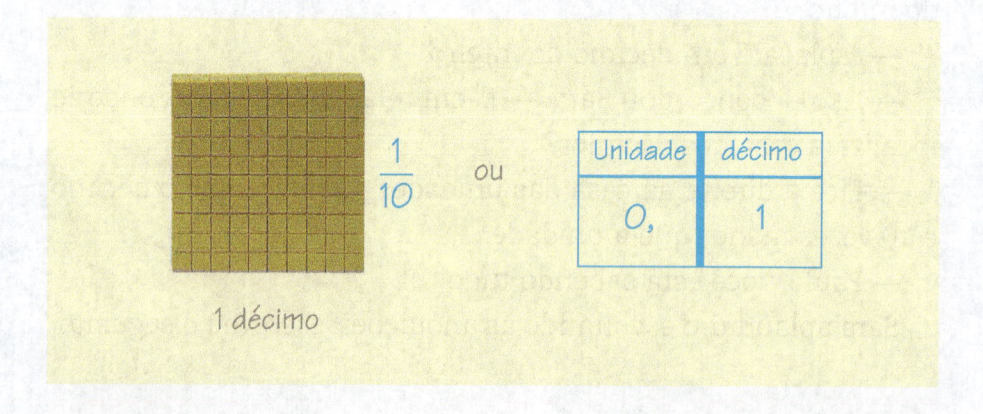

1 décimo

— É isso aí, garoto. Quem diria que você fosse se interessar tanto por números decimais, hein?

— Pois é... Fico imaginando o que vai acontecer quando chegar no colégio e mostrar esse jeito novo de pensar a Matemática, com essas peças diferentes.

— Talvez você possa desenvolver algo novo, não é mesmo? Se bem que... pela sua cara... acho que está mais preocupado em mostrar o que sabe para alguém em especial. Ou será que estou enganada?

Paulo sentiu o rosto esquentar e admitiu:

— Tem razão, Sara. Mas a gente fala sobre isso depois, está bem?

Agora o que eu quero mesmo é saber como se lê esse número decimal.

— Ele é um décimo, não é? Então dizemos: um décimo.

— Quer dizer que a gente lê os números decimais da mesma forma que lê as frações decimais?

— Exatamente! Quer ver? Pegue 2 placas.

O jovem pegou as placas e Sara prosseguiu:

— Elas são 2 décimos do nosso inteiro, certo? Pois bem, representando-as em fração decimal ou em número decimal, a leitura será a mesma.

Paulo pensou um pouco e fez as seguintes anotações:

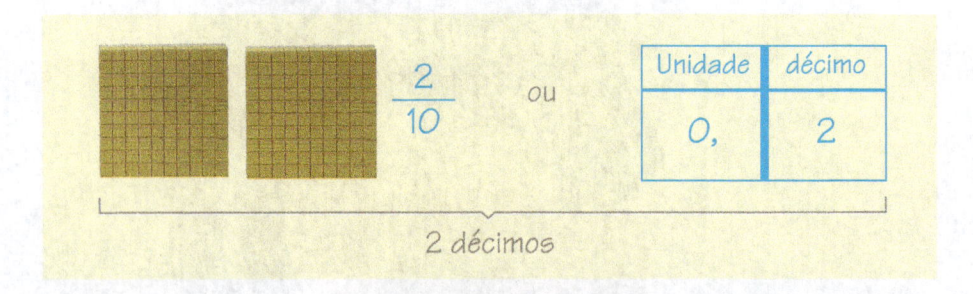

2 décimos

— Perfeito, meu amigo — aprovou Sara, satisfeita.

— E se quisermos representar uma barra em números decimais?

— Deixe ver... A casa dos centésimos fica à direita da casa dos décimos. Como não vamos ter nenhuma unidade e nenhum décimo, vou colocar zeros nessas casas, sem esquecer da vírgula entre a casa das unidades e a casa dos décimos. Em seguida, coloco o número 1 na casa dos centésimos.

À medida que falava, Paulo ia registrando:

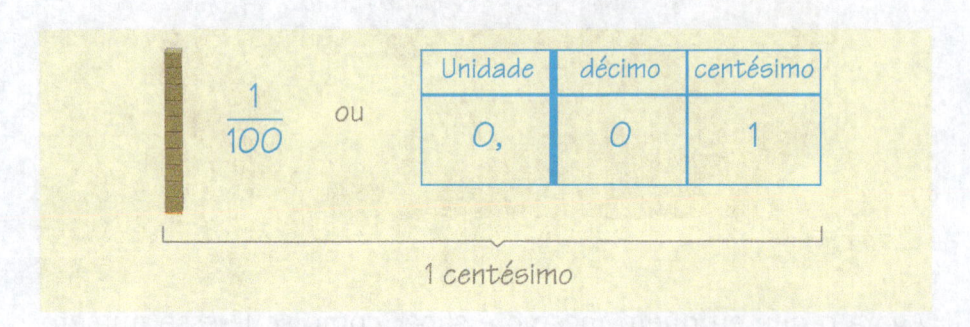

1 centésimo

— Quer saber de uma coisa? Nunca imaginei que faríamos tanto progresso em tão pouco tempo! — exclamou Sara, admirada. E comentou, em tom de desafio: — Bem... Você sabe representar décimos e centésimos em números decimais. Só faltam os milésimos.

— É para já — disse Paulo, decidido. — Um milésimo neste material é um cubinho. Então eu coloco zero na casa das unidades, zero na casa dos décimos, zero na dos centésimos e o número 1 na dos milésimos.

— Está faltando alguma coisa...

— Ah, é a vírgula — respondeu o garoto, que já ia fazendo a representação:

		Unidade	décimo	centésimo	milésimo
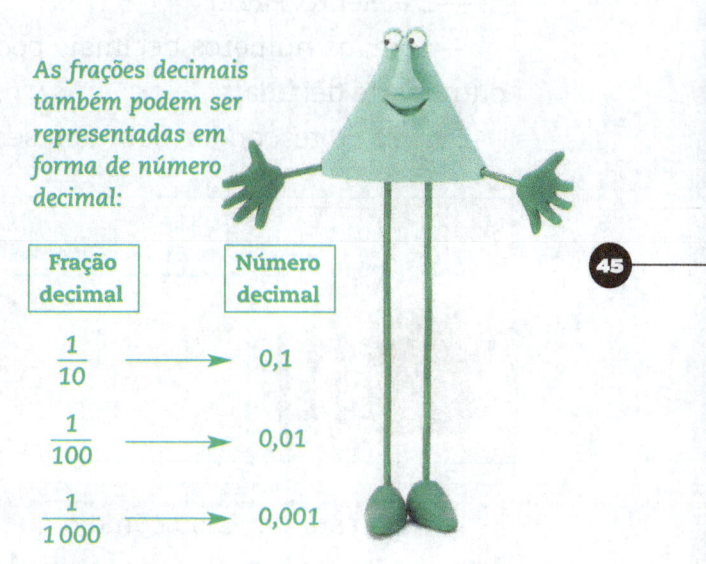 $\dfrac{1}{1000}$	ou	0,	0	0	1

1 milésimo

— Muito bem. O que você acha de a gente explorar um pouco nossas descobertas?

— Eu topo!

Sara preparou, então, uma tabela. E propôs que Paulo a completasse com o desenho das figuras correspondentes, com a fração decimal e com o número decimal equivalente.

As frações decimais também podem ser representadas em forma de número decimal:

Fração decimal	Número decimal
$\dfrac{1}{10}$	→ 0,1
$\dfrac{1}{100}$	→ 0,01
$\dfrac{1}{1\,000}$	→ 0,001

Quantidades	Representação com o material	Fração decimal	Número decimal			
			Unidade	décimo	centésimo	milésimo
3 décimos						
4 centésimos						
8 milésimos						
1 inteiro						

O garoto não teve nenhuma dificuldade para realizar a tarefa.

Quantidades	Representação com o material	Fração decimal	Número decimal			
			Unidade	décimo	centésimo	milésimo
3 décimos		$\frac{3}{10}$	0,	3		
4 centésimos		$\frac{4}{100}$	0,	0	4	
8 milésimos		$\frac{8}{1000}$	0,	0	0	8
1 inteiro			1			

— Excelente, Paulo!

— Sara, os números decimais podem ter uma parte inteira e outra parte decimal?

Em vez de responder, Sara apresentou uma nova tabela:

1 inteiro e 3 centésimos	Número misto	Fração decimal	Número decimal			
			Unidade	décimo	centésimo	milésimo

— Aqui está um caso como o que você perguntou. Temos um inteiro e 3 centésimos — apontou ela.

— É um número misto. Tem uma parte inteira e outra parte fracionária — adiantou-se Paulo, escrevendo:

1 inteiro e 3 centésimos	Número misto	Fração decimal	Número decimal			
			Unidade	décimo	centésimo	milésimo
	$1\frac{3}{100}$	$\frac{103}{100}$				

E logo em seguida disse:

— O que quero saber é como posso representar essa quantidade em número decimal...

— Simples! Você conta os inteiros e registra na casa das unidades. Depois é só registrar os centésimos na casa dos centésimos.

— A casa dos décimos vai ficar vazia?

— Que número você pode colocar para indicar que a casa dos décimos está vazia?

Depois de refletir um instante, o garoto respondeu:

— Vou colocar o zero na casa dos décimos.

1 inteiro e 3 centésimos	Número misto	Fração decimal	Número decimal			
			Unidade	décimo	centésimo	milésimo
	$1\dfrac{3}{100}$	$\dfrac{103}{100}$	1,	0	3	

Um pouco impaciente, ele quis saber logo em seguida:

— E como eu leio esse número?

— Do mesmo jeito que se lê o número misto: um inteiro e 3 centésimos.

Dada a resposta, Sara propôs uma nova questão:

— Quando as peças forem diferentes, como elas podem ser representadas em número decimal?

Paulo pegou 2 décimos, 1 centésimo e 3 milésimos.

O número decimal é formado por uma parte inteira e uma parte decimal, separadas pela vírgula.

Exemplos:

a) 0,3
└ parte decimal
└── parte inteira

b) 2,35
└ parte decimal
└── parte inteira

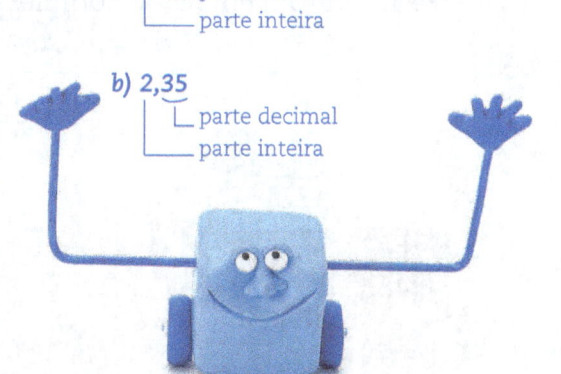

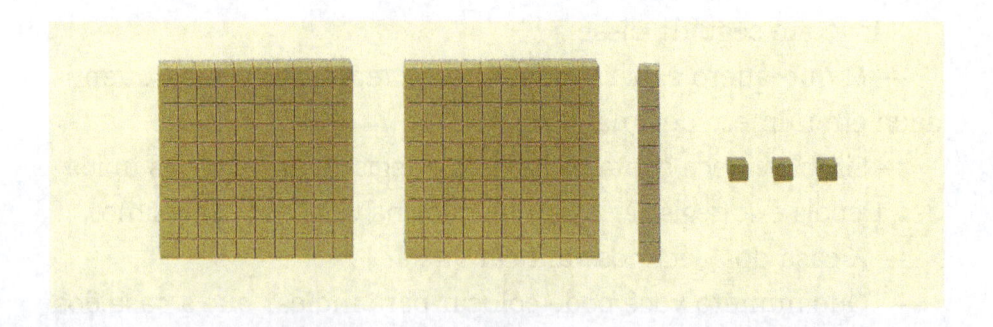

— Quando falávamos em fração decimal, a gente contava a partir da peça menor. Já em número decimal, preciso pensar um pouco.

A amiga fez um quadro e disse:

— É só colocar em cada casa decimal a quantidade correspondente.

2 décimos, 1 centésimo e 3 milésimos	Fração decimal	Número decimal			
		Unidade	décimo	centésimo	milésimo
	$\frac{213}{1000}$				

—Já sei! Na casa dos décimos, marco os décimos. Na casa dos centésimos, marco os centésimos. E o mesmo na dos milésimos.

Paulo tratou, então, de completar a tabela:

2 décimos, 1 centésimo e 3 milésimos	Fração decimal	Número decimal			
		Unidade	décimo	centésimo	milésimo
	$\frac{213}{1000}$	0,	2	1	3

Sara confirmou que estava certo e perguntou:

— Como se lê esse número decimal?

O garoto deu uma olhada nas anotações anteriores e arriscou:

— Acho que podemos ler contando os milésimos: 213 milésimos.

— Certo. Certíssimo! — incentivou a amiga.

— Cá entre nós... — continuou Paulo — estou achando complicado escrever esses números decimais dentro dessas tabelas. Não tem um jeito mais prático, não?

— Tem, sim. Até agora usamos as tabelas para memorizar melhor os nomes das casas decimais e que lugar cada uma ocupa.

Sara pretendia prosseguir, quando Paulo interrompeu:

— Tive uma ideia. Podemos escrever o número e marcar, sobre cada casa decimal, só a letra inicial correspondente. Sobre a posição dos décimos, escrevemos d; sobre os centésimos, c; e sobre os milésimos, m. O que você acha?

— Gostei. Mas, para evitar confusão, vamos colocar letras maiúsculas para unidades, dezenas e centenas. Sobre os décimos, centésimos e milésimos colocamos letras minúsculas.

— Tudo bem — concordou Paulo. — Vamos ver se dá certo.

Dizendo isso, separou um centésimo e 4 milésimos. Fez a representação dessa quantidade em desenho e comentou:

— Tenho de contar a partir das peças menores. Assim, vou considerar o centésimo como 10 milésimos para fazer a representação em fração decimal. Então, tenho ao todo 14 milésimos.

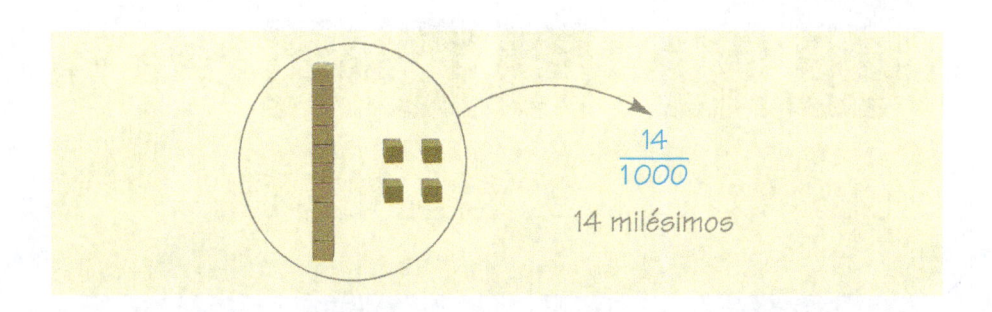

$$\frac{14}{1000}$$

14 milésimos

— Por que você não tenta representar agora em número decimal, sem usar a tabela? É só colocar a primeira letra da casa decimal sobre cada posição.

Paulo não encontrou nenhuma dificuldade:

$$\frac{14}{1000} \quad \text{ou} \quad 0{,}014$$

14 milésimos

E explicou ao final:

— Não havia unidades, então coloquei zero na casa que foi indicada pela letra maiúscula U. Também não havia décimos; então coloquei outro zero nesta posição. O número 1, na casa dos centésimos; e o 4, na casa dos milésimos. Foi fácil!

— Você está indo muito bem!

Sara pegou 2 cubos inteiros, 3 placas e 5 cubinhos.

Com as peças na mão, ela pediu:

— Represente esta quantidade em fração decimal e em número decimal.

Paulo pôs-se a escrever imediatamente:

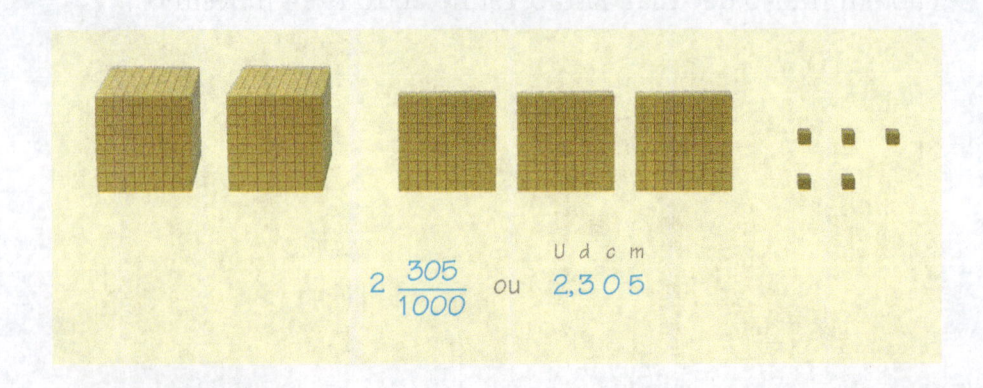

$$2\frac{305}{1000} \quad \text{ou} \quad 2{,}305$$

Quando terminou, comentou:

— Fiz a representação em número misto porque havia inteiros. Em número decimal, foi fácil: eram 2 unidades, 3 décimos, nenhum centésimo e 5 milésimos. Foi só colocar em cada posição a letra correspondente à casa decimal e marcar as quantidades.

Felizes, Sara e Paulo comemoraram o avanço nos estudos.

Transformação de fração decimal em número decimal:

Transformação de número decimal em fração decimal:

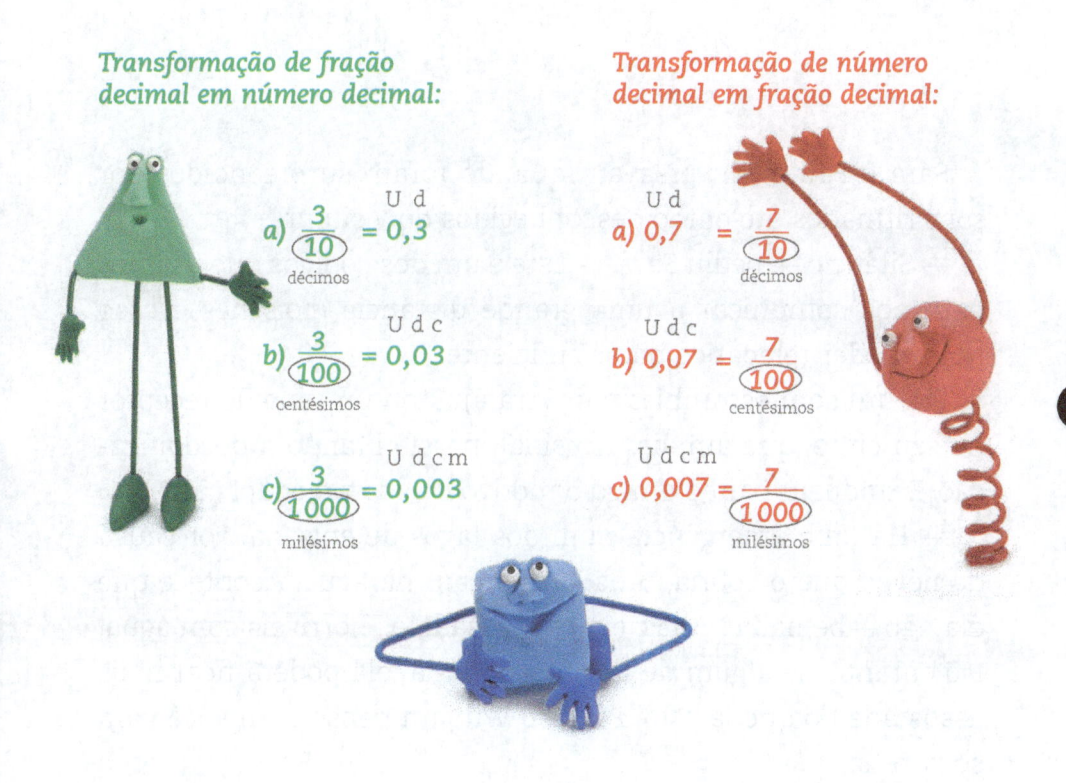

a) $\dfrac{3}{10}$ = 0,3 (U d, décimos)

a) 0,7 = $\dfrac{7}{10}$ (U d, décimos)

b) $\dfrac{3}{100}$ = 0,03 (U d c, centésimos)

b) 0,07 = $\dfrac{7}{100}$ (U d c, centésimos)

c) $\dfrac{3}{1000}$ = 0,003 (U d c m, milésimos)

c) 0,007 = $\dfrac{7}{1000}$ (U d c m, milésimos)

8

Um salva-vidas sortudo

Sara e Paulo conversavam quando foram surpreendidos por sons ritmados até então desconhecidos do visitante.

— Silêncio — pediu Sara. — Este é um dos códigos que usamos para nos comunicar a uma grande distância, pois nesse caso nosso poder telepático não é suficiente.

Era um som estranhíssimo. Sara ajustou um tipo de receptor no seu cinto, que ampliava o sinal, possibilitando a decodificação. E traduziu para o amigo o motivo de sua preocupação:

— Há uma emergência num dos lagos de entrada. Por causa da névoa que o cobria, uma garota caiu na água. Acontece que ela não sabe nadar. Aliás, ela tem pesadelos horríveis com água. No entanto, se algum de nós for ajudá-la, ela poderá ficar mais assustada do que já está. Por isso Wiujam pensou em você para socorrê-la.

— Vamos logo! — exclamou Paulo. — Esse lago fica longe daqui?

— Uns 100 quilômetros mais ou menos.

— Cem quilômetros?!? E como chegaremos a tempo?

— Me dê sua mão, vamos nos locomover na velocidade do pensamento.

Viajaram com uma rapidez vertiginosa e em frações de segundo estavam em outra praia, onde Wiujam os esperava.

— Vamos logo, meu rapaz — pediu ele. — Entre na água, que a correnteza o levará até o local onde se encontra a menina.

Paulo mergulhou e foi levado numa trajetória inversa à que havia realizado na chegada. E não demorou a localizar o corpo se debatendo na água. Apesar da surpresa, quase susto, não teve dificuldade para conduzi-la a salvo até a superfície. Ao retomar o fôlego, a garota interrogou, espantada:

— De onde você veio? Parece que saiu das águas! Seja como for, obrigada, salvou minha vida.

O espanto de Paulo, porém, tinha outro motivo. A garota que estava à sua frente era... Glória! Após um segundo de indecisão, resolveu não perder aquela oportunidade.

— Você não sabe nadar, não é? E, pelo jeito, tem medo de água...

A jovem fez que sim com a cabeça e ele arriscou:

— Que tal aprender a nadar e vencer esse medo? Se quiser, eu posso ajudá-la.

Ela hesitou um instante e respondeu:

— Sim, qualquer dia desses, quem sabe...

— Tem de ser agora mesmo! Prenda a respiração por um instante, segure firme a minha mão e não tenha medo.

Antes que Glória pudesse responder, Paulo entrava com ela na correnteza. As águas iam ficando mais claras à medida que se aproximavam da Terra do Povo Pequeno. Instantes depois eles emergiam na praia onde Sara e Wiujam os aguardavam. Glória ainda não havia se refeito completamente do susto e, de repente, se via diante daquelas estranhas criaturas. O jovem tratou logo de acalmá-la:

— Glória, estes são meus amigos, Sara e Wiujam...

A garota, ainda sem entender direito o que estava acontecendo, abaixou-se, estendendo a mão para os pequenos, e indagou:

— Como é que você sabe meu nome?

— Paulo, conte a ela o que está acontecendo. Eu e Wiujam voltamos mais tarde — sugeriu Sara.

— Mas, afinal, por que você me trouxe para este lugar? — E, encarando Paulo, quase indignada, disse: — Espere, tenho a impressão de que conheço você.

— Bom... nós estudamos na mesma escola. Por isso sabia seu nome.

O jovem ia sendo vencido pela timidez, mas recuperou-se:

— Eu estava disputando o campeonato, torci o tornozelo e tive de parar...

— Agora me lembro! Foi uma pena mesmo! Você é um dos melhores do time!

Daí em diante Paulo não parou mais de falar: contou da contusão, da ida para o sítio dos avós, de seu Téo e suas histórias, da queda no lago, de Sara e suas pesquisas em Matemática, das peças douradas, enfim, tudo que sabia sobre o povo pequeno.

Para o espanto de Paulo, Glória contou-lhe que conhecia um pouco dessa história.

— Mas como você ficou sabendo? — perguntou o garoto.

— Bem, eu andei remexendo o baú de minha bisavó e descobri umas cartas antigas que falavam sobre um certo lago encantado. Há um lago na chácara que pertenceu a ela. No fim de semana, vim com meus pais para cá, ou para lá, não sei, pensando nas histórias. Lembro que uma delas falava do povo pequeno...

Paulo não perdia uma única palavra, animado pelo que ouvia e por ver realizar-se de repente seu sonho de aproximação.

— O resto você já sabe. Eu morria de medo de água; na noite passada, tive até pesadelos. Então, pela manhã, passeava pela margem do lago quando escorreguei e fui salva por você.

O jovem notou que Glória havia corado no final do relato. Ia dizer qualquer coisa, quando Sara voltou.

— E aí? Conversaram muito? — perguntou ela, curiosa.

— E como! Parece que aqui o tempo não passa!

— Que bom. Gostaria de saber como foi que Paulo convenceu você a vir até aqui com ele...

— Na verdade, ele praticamente me arrastou... mas agora entendo a pressa dele em me mostrar este lugar. Tudo aqui é incrível!

— Sara, Glória poderia ficar, aprender a nadar e ajudar em nossas pesquisas — sugeriu Paulo.

— Claro! — respondeu ela ao amigo. — Acho que ela vai gostar muito!

Em seguida, Sara perguntou:

— Paulo, você ainda não revelou o que vai fazer com seus novos conhecimentos... Quero dizer, tudo isso que estamos vendo sobre os números decimais... Deve ser algo bem secreto, porque nem com telepatia consegui descobrir!

— Eu vou contar. Todo ano a escola realiza uma Semana Cultural, não é, Glória? Então... Acho que vou poder apresentar um bom trabalho usando essas pesquisas e esse material diferente.

— Esse material, os cubos, as placas, as barras e os cubinhos, não pode ser usado fora daqui. Ele não teria a energia que faz com que as peças fiquem unidas, nem poderia ser desmanchado sem a água destes lagos...

Percebendo a frustração de Paulo, Glória tentou animá-lo:

— Talvez a gente possa fazer as peças usando outro material. Madeira, por exemplo... Meu avô tem uma marcenaria.

— Que ótima ideia! E aí a gente apresenta o trabalho juntos! O que você acha da ideia?

— Eu topo! Além de aprender a nadar, vou participar de um projeto fantástico para a Semana Cultural, como sempre quis... Oba! E agora, o que acham de me apresentar esse material tão falado?

Paulo e Sara não perderam tempo. Só lhe deram descanso depois de mostrar e explicar tudo o que haviam descoberto até aquele momento.

9

Uma ajudante muito especial

Glória era uma menina inteligente. Em pouco tempo seus conhecimentos estavam atualizados e ela conseguia acompanhar as explicações sem problemas. Assim foi, desde as frações decimais até a estrutura dos números decimais, utilizando corretamente as peças.

Sara propôs, então, um trabalho conjunto:

— Vamos fazer o seguinte: Glória pega 15 centésimos e você, Paulo, pega 172 milésimos.

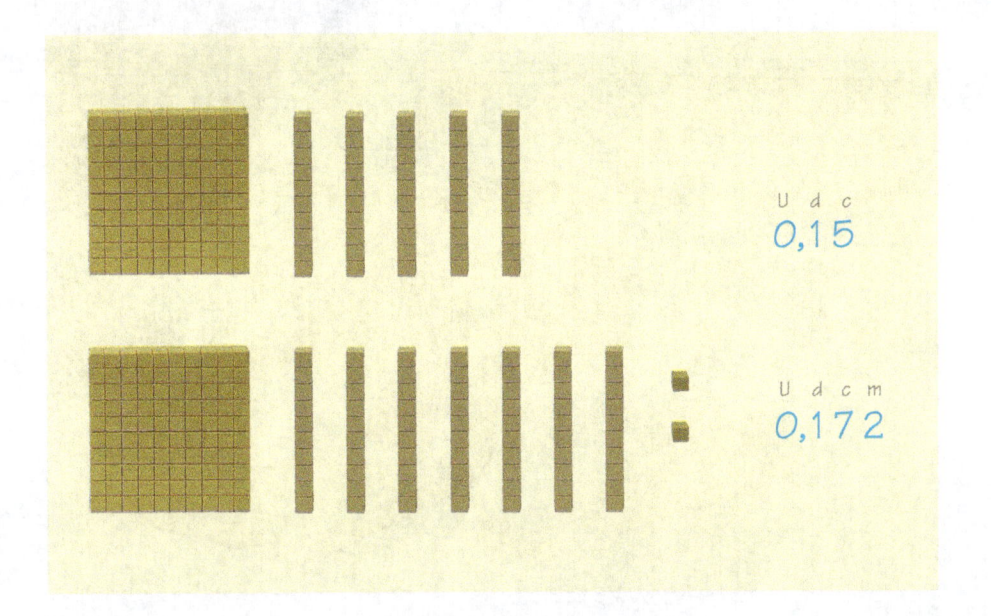

— Isso. Agora façam uma tabela e registrem em forma de desenho a quantidade que pegaram.

Os dois atenderam sem dificuldades:

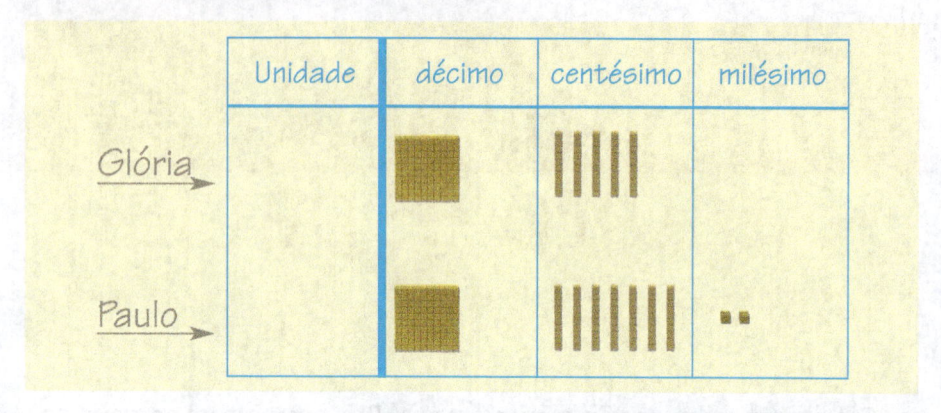

	Unidade	décimo	centésimo	milésimo
Glória →		■	⦀⦀	
Paulo →		■	⦀⦀⦀	▪▪

— Vocês preencheram direitinho. Deixaram o espaço correspondente às unidades vazio, já que não havia unidades. Agora me respondam: como podemos reunir as quantidades de vocês dois?

Glória foi a primeira a dizer:

— Acho que devemos juntar as peças iguais: décimos com décimos, centésimos com centésimos. O que você acha, Paulo?

— Só eu tenho milésimos...

— Isso não é problema, a quantidade total deles será o que você tem.

— Acho que descobri algo, Glória: eu tenho 5 centésimos e você, 7. Juntando tudo, temos 12 centésimos.

— Então podemos agrupar 10 centésimos e formar 1 décimo!

— Ótimo! — afirmou Sara. — Anotem isso.

Os jovens concordaram e Paulo desenhou o agrupamento:

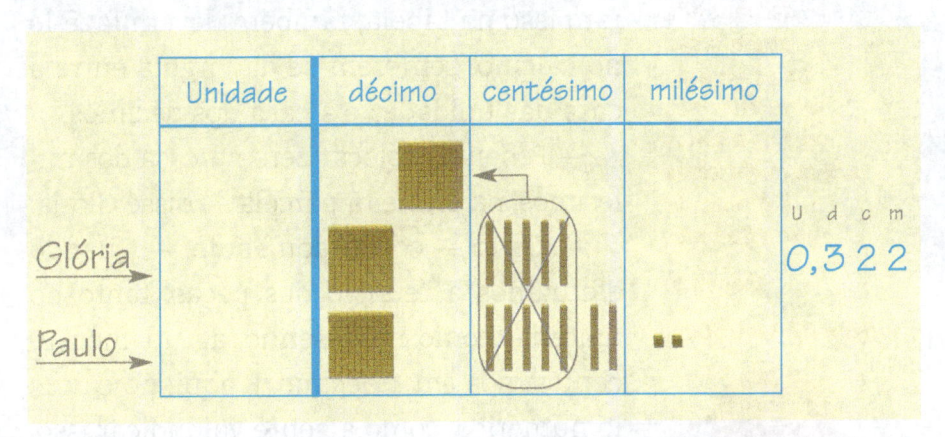

— Que legal, Paulo! — disse Glória, entusiasmada. — É só bater os olhos que a gente entende.

— Perfeito! — interveio Sara. — Desse jeito vocês vão dar um show nessa tal Semana Cultural do colégio. Leiam, agora, a quantidade total que vocês têm.

— Devemos ler sempre em relação à menor casa decimal ocupada... São 322 milésimos — falou Glória.

— Exatamente! E que operação matemática vocês acabaram de fazer?

— Uma adição! — responderam os dois ao mesmo tempo.

E só então perceberam a novidade:

— Eu nunca pensei que poderia fazer uma adição sem usar números... — comentou Glória.

— Vamos tentar representar isso numericamente? — sugeriu Paulo.

Paulo já retomava a tabela para fazer o registro matemático, quando Sara observou:

— É importante que, ao preparar o cálculo da adição, cada número fique na sua posição correta. Quando estavam usando o material, vocês se preocuparam em reunir peças iguais. Isso vale também para o cálculo numérico.

— Precisamos indicar que não temos unidades?

Um número decimal não altera o seu valor quando acrescentamos ou suprimimos um ou mais zeros à direita da parte decimal.

Exemplo:

0,5 = 0,50 = 0,500...

— Sim, Glória. Assim como vocês fizeram isso na tabela, também devem fazê-lo no cálculo. Lembrem-se da vírgula entre a casa das unidades e a casa dos décimos.

— Podemos colocar zero na casa dos milésimos, na primeira parcela — disse Glória.

— Certo — concordou Paulo. — Quando efetuamos a reunião das peças, tanto no material como no desenho, agrupamos 10 centésimos em 1 décimo. E aqui, no cálculo numérico, como a gente vai indicar isso, Glória?

Diante disso, a garota retomou a tabela com o material dourado:

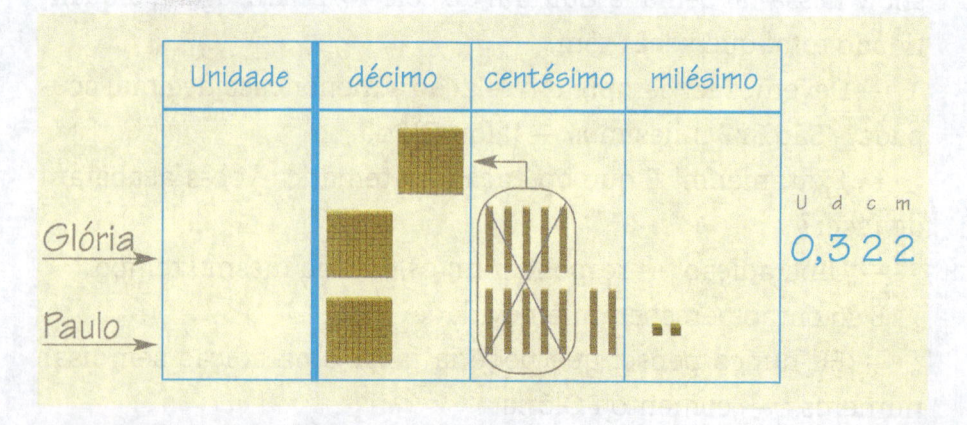

	Unidade	décimo	centésimo	milésimo

Glória →

Paulo →

U d c m
0,3 2 2

U d c m

①

$$+\begin{array}{r} 0,150 \longrightarrow \text{Glória} \\ 0,172 \longrightarrow \text{Paulo} \\ \hline 0,322 \end{array}$$

E, em seguida, comentou:

— Dois milésimos... somando os centésimos obtivemos 12; 10 deles formaram 1 décimo e ficamos com 2 centésimos.

— Ah, 2 décimos mais 1 do agrupamento são 3 décimos! Foi o mesmo que eu fiz no desenho — acrescentou Paulo. — Portanto, no total, ficamos com 322 milésimos.

Sara, que acompanhava tudo, aprovou:

— Pelo jeito, vocês acertaram. O resultado do cálculo numérico está idêntico ao que vemos na tabela, usando o material.

— Na adição, a vírgula de um número ficará sempre embaixo da vírgula do outro número — completou Paulo. — Mesmo que existam outras parcelas, basta acertar as casas decimais. Ou seja, basta fazer coincidir as casas decimais dessas parcelas.

ADIÇÃO DE NÚMEROS DECIMAIS

- *Escrevemos as parcelas uma sob a outra, de modo que as casas decimais iguais coincidam; dessa forma, as vírgulas desses números sempre estarão uma embaixo da outra;*
- *Igualamos o número de casas decimais, acrescentando um ou mais zeros à direita da parte decimal, se necessário;*
- *Efetuamos a adição.*

Exemplos:

a) 0,42 + 0,31 =   b) 0,52 + 3,068 =

U d c

$$+\begin{array}{r} 0,42 \\ 0,31 \\ \hline 0,73 \end{array}$$

U d c m

$$+\begin{array}{r} 0,520 \\ 3,068 \\ \hline 3,588 \end{array}$$

Glória acompanhou toda a explicação, mas ainda não estava satisfeita. E questionou:

— Sara, me diga uma coisa... Será que a menor casa decimal é a dos milésimos?

Em vez de responder, Sara devolveu a questão a Paulo:

— O que você acha da pergunta de Glória?

O garoto pensou um pouco e arriscou:

— Devem existir casas decimais menores que os milésimos. Como sabemos que as casas decimais à esquerda da unidade são infinitas, a quantidade das casas decimais à direita da unidade também deve ser infinita...

E Sara confirmou:

— Cada casa decimal, esteja onde estiver, é sempre 10 vezes menor que sua vizinha da esquerda e 10 vezes maior que sua vizinha da direita. Portanto, existem infinitas casas decimais, à esquerda e à direita da unidade.

Entusiasmado pelo acerto do seu raciocínio, Paulo propôs:

— Que tal comemorarmos esta infinita descoberta?

— Boa ideia — concordou Sara. — Para começar, podemos tomar um banho de cachoeira.

— E isso é comemoração? Eu tremo só de pensar! — criticou Glória, que não tinha superado seu medo de água.

— Eu e Sara estaremos com você... Além disso, estamos numa dimensão diferente, onde as propriedades da água poderão ajudá-la. Pense bem, é sua oportunidade...

Glória ainda relutou um tanto, mas acabou acompanhando os amigos. Além de confiar neles, achava que Paulo tinha razão. Precisava vencer o pavor que sentia de água.

10

Glória enfrenta o medo

Sara e o casal de amigos viajaram na velocidade do pensamento e, em poucos instantes, estavam diante de uma bela cachoeira. A água caía de muitos metros acima; no entanto, chegava até eles com uma leveza que mais parecia um amontoado de espumas.

— Nunca imaginei que isso fosse possível! Não estou sentindo nenhum medo — comentou Glória, sob o lençol de águas claras.

— Está vendo? É como a Sara me explicou... Para superar algo, a gente mesmo tem de dar o primeiro passo. Depois, fica tudo mais fácil.

Paulo era a própria descontração e Glória se divertia a valer na água. Sara sentia-se compensada por ver tanta alegria.

A cachoeira formava um pequeno lago, com cerca de 1 metro de profundidade: ideal para as primeiras aulas de natação. Paulo ensinava a amiga a boiar. E ela, pouco a pouco, criava coragem e ia se soltando. Vencido o medo, as tentativas começaram a dar resultados.

— Veja, Sara — chamou Glória. — Estou conseguindo boiar!

Os garotos continuariam na água, esquecidos da vida, não fosse o alerta de Sara:

— Bem, pessoal, eu sei que estão se divertindo muito, mas, se quiserem fazer sucesso na Semana Cultural, é melhor voltarmos ao trabalho. Até agora só vimos a adição de números decimais...

— É, o tempo aqui passa devagar, mas nem tanto — brincou Paulo.

11

Quanto custa uma flor?

Mal saíram do lago e suas roupas já estavam secas devido às propriedades da água. Em seguida, Sara retirou de uma mochila tudo o que precisavam: bloco de notas, lápis, cubos, placas, barras e cubinhos. A minúscula menina sorriu e propôs:

— O que vocês acham de a gente dar um nome a esse material?

— Eu pensei em Material Dourado, por causa dessa tonalidade amarelo-luminosa... E também porque ele tem um grande valor para o nosso trabalho — sugeriu Glória.

— Material Dourado... Mas que estranha coincidência... Algumas pessoas daqui também o chamam de Material Dourado! — exclamou Sara.

Paulo perguntou:

— Você acha que seu avô consegue uma madeira nesse tom?

— Acho que sim. Bem que a gente podia fazer umas caixas contendo Material Dourado. Quem se interessasse por nosso trabalho na Semana Cultural poderia comprar, se quisesse... — propôs Glória.

— Bom, primeiro seria melhor a gente aprender a lidar com ele e os números decimais. Não dá para apresentar uma coisa que a gente não sabe usar direito — disse Paulo, bem sério.

— Você tem toda razão. É que me entusiasmei com a ideia...

Sara, que os observava, sugeriu:

— Vamos fazer de conta que o Material Dourado é nosso dinheiro. Você, Glória, escolhe o que vender, e Paulo vai comprar. Assim terão de fazer os cálculos e encontrar o valor do troco. Topam?

— Nós topamos! — respondeu Glória pelos dois. — Eu quero vender flores.

— E onde estão elas? — interrogou Paulo.

Sara apertou um dos botões do seu exótico cinto metálico e, imediatamente, surgiram jarros com flores perfumadas e bonitas. Os jovens já não se surpreendiam com os fenômenos estranhos que a pequena amiga provocava. E esperaram pelas instruções.

— Paulo, você terá uma quantia equivalente a 438 milésimos.

O garoto pegou as peças do Material Dourado equivalentes ao valor indicado: 4 placas, 3 barras, 8 cubinhos.

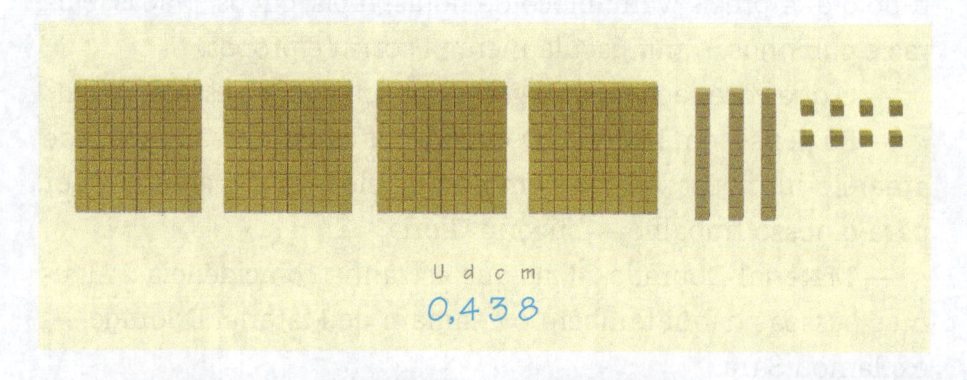

U d c m
0,438

Em seguida, Sara voltou-se para a garota:

— Glória, você decide quanto custará cada flor... Não cobre muito caro, viu?

Os jovens riram com o comentário e se puseram em ação. Glória improvisou um pequeno balcão e Paulo colocou-se na posição de comprador.

— Eu quero dar algumas flores de presente... Quanto custa cada uma?

— 134 milésimos — respondeu Glória.

— Está bem, me dê uma. Como tenho 438 milésimos, posso lhe pagar 134.

Paulo pegou o seu bloco e fez o seguinte registro:

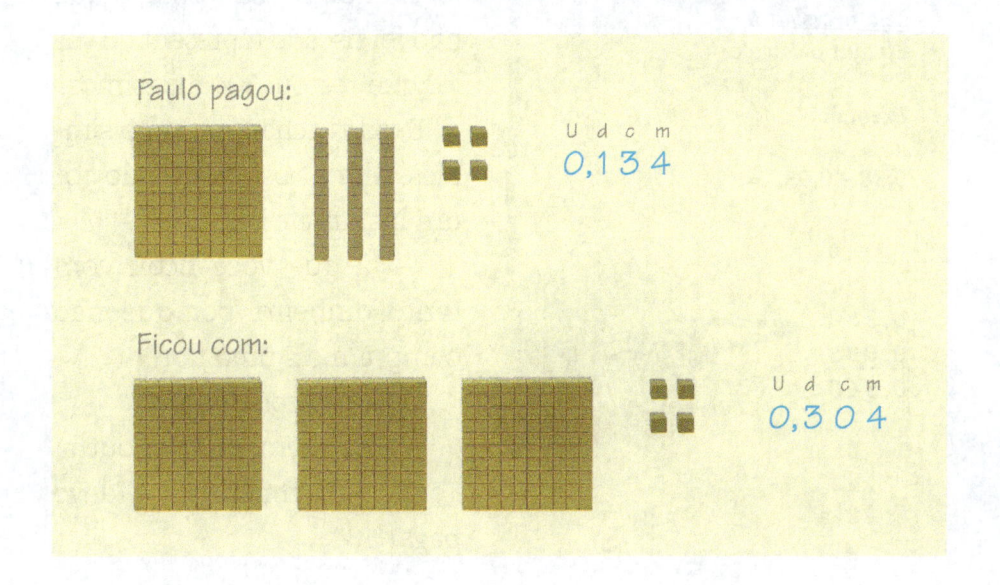

Enquanto Paulo e Glória lidavam com o material, Sara pegou seu bloco e fez o seguinte registro:

Unidade	décimo	centésimo	milésimo

U d c m
  0,4 3 8 ⟶ Paulo tinha
− 0,1 3 4 ⟶ preço de 1 flor
  0,3 0 4 ⟶ com quanto Paulo ficou

SUBTRAÇÃO DE NÚMEROS DECIMAIS

- *Armar a conta fazendo coincidir as casas decimais;*
- *Completar com zeros caso seja necessário;*
- *Efetuar o cálculo.*

Exemplo:

0,38 – 0,035 =

$$\begin{array}{r} \text{U d c m} \\ 7\ \textcircled{\scriptsize 10} \\[-2pt] -\ 0,3\cancel{8}0 \\ 0,035 \\ \hline 0,345 \end{array}$$

Ao final, comentou:

— Desenhei o que Paulo tinha de dinheiro e risquei o valor da flor. Dessa forma, o que não foi riscado representa o valor que restou: 304 milésimos.

E todos acharam muito simples! Glória observou Paulo por um instante e brincou:

— Já que você ficou com tanto dinheiro, por que não compra mais uma flor?

O garoto concordou:

— Está bem, eu levo outra. Tenho 304 milésimos e devo pagar 134...

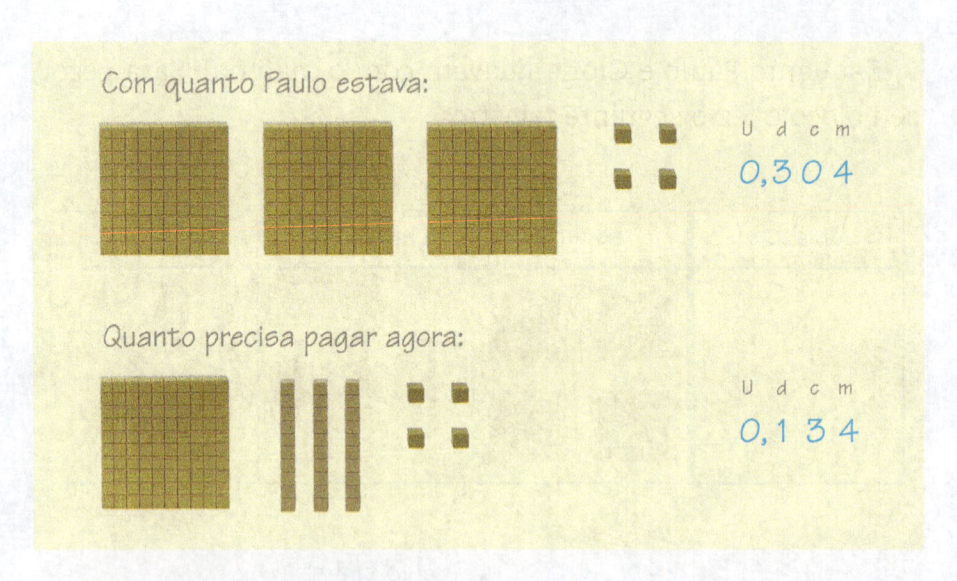

— Pode fazer outra tabela, se quiser, que eu espero. Não tenho outros compradores mesmo.

Sara divertia-se com o tom de interpretação que os jovens davam à operação. E Paulo passou ao preparo da nova tabela:

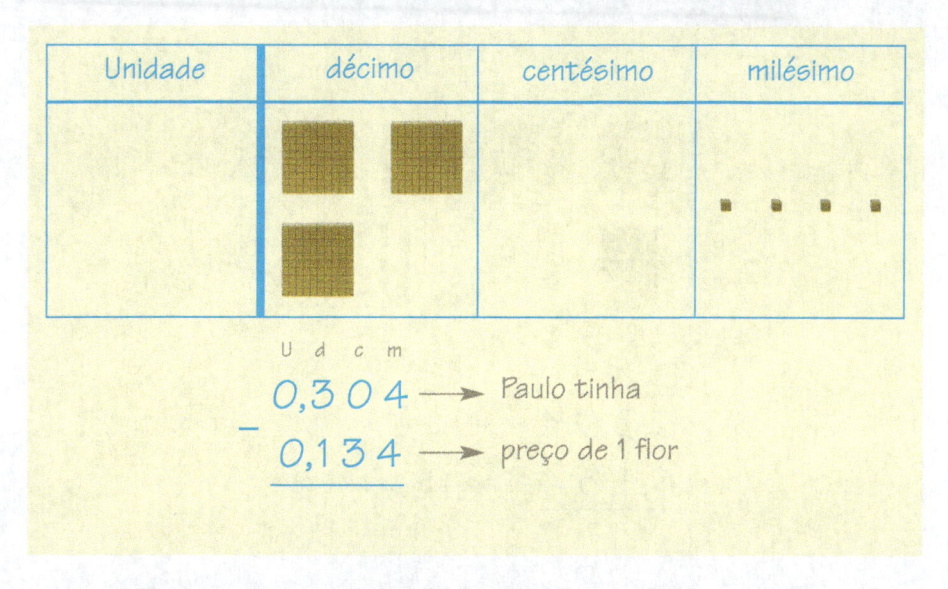

Unidade	décimo	centésimo	milésimo

U d c m

0,3 0 4 ——→ Paulo tinha

– 0,1 3 4 ——→ preço de 1 flor

— Xiii, estou numa encrenca! — reagiu Paulo. — Como vou lhe pagar centésimos se não tenho centésimos?

— Não tem centésimos, mas tem décimos! Você pode trocar um de seus décimos por 10 centésimos; esqueceu que 1 décimo é o mesmo que 10 centésimos? Ou você não quer me pagar?... — brincou Glória.

Dinheiro trocado:

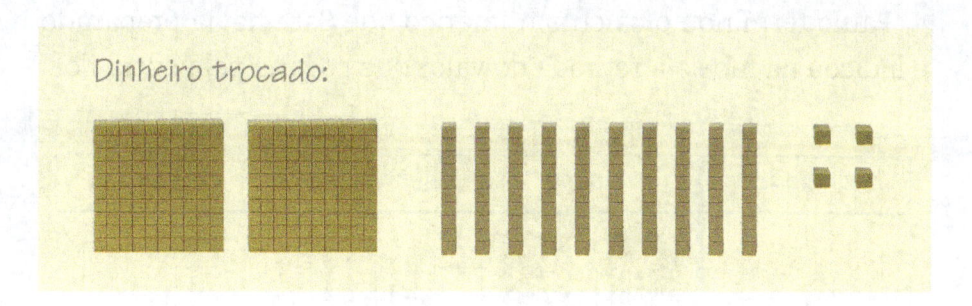

— É mesmo! Por que não pensei nisso? Sempre fiz contas de subtração "pedindo emprestado" para a casa da esquerda e nunca pensei que "pedir emprestado" era a mesma coisa que desmanchar grupos. Usando esse material, a gente entende o que está fazendo. É só desmanchar uma das placas em 10 barras.

À medida que falavam, Sara ia registrando aquele raciocínio em forma de desenho na tabela e no cálculo numérico.

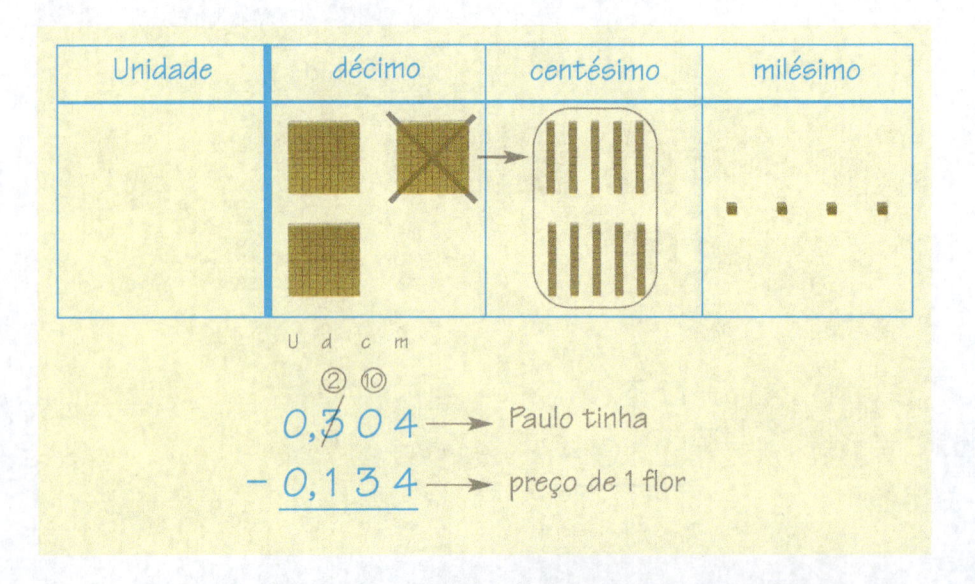

Assim que a jovem terminou o registro, Paulo questionou:

— Por que você riscou os 3 décimos da quantidade que eu tinha e marcou 2?

— Você tinha 3 décimos, desmanchou um deles em 10 centésimos. Portanto, ficou com 2 décimos, e marquei 10 nos centésimos.

— E aí, vai me pagar ou não? — lembrou Glória.

Paulo terminou o cálculo numérico que Sara havia preparado e indicou na tabela a retirada do valor que pagaria pela outra flor.

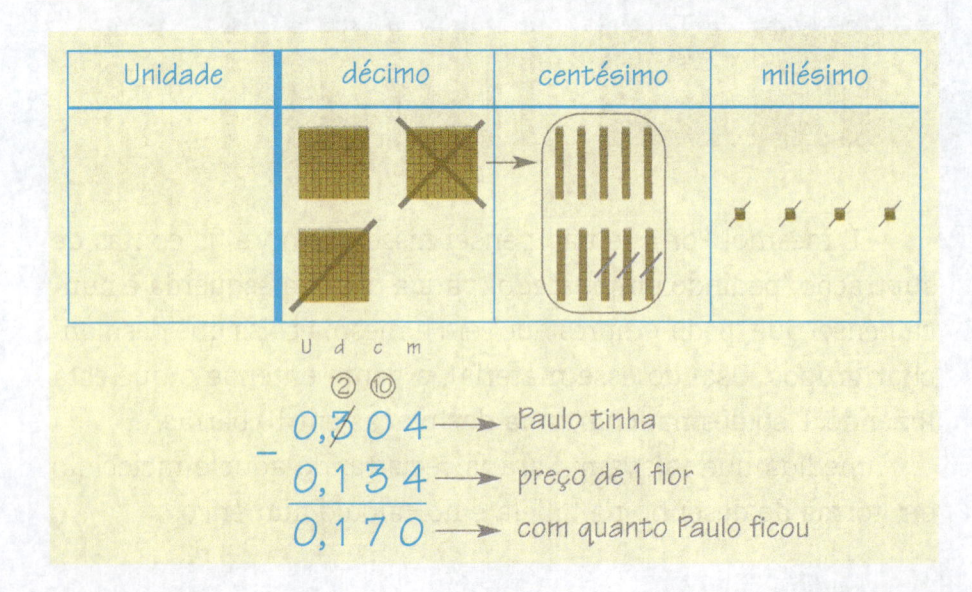

— Eu tinha 4 milésimos e paguei 4 milésimos; portanto, coloquei o zero nesta casa. Depois de decompor um dos décimos, fiquei com 10 centésimos, mas paguei 3 e fiquei com 7 centésimos. Tinha só 2 décimos, paguei 1 décimo e fiquei com 1 décimo.

— Com quanto você ficou de dinheiro? — perguntou Sara.

— Fiquei com 170 milésimos.

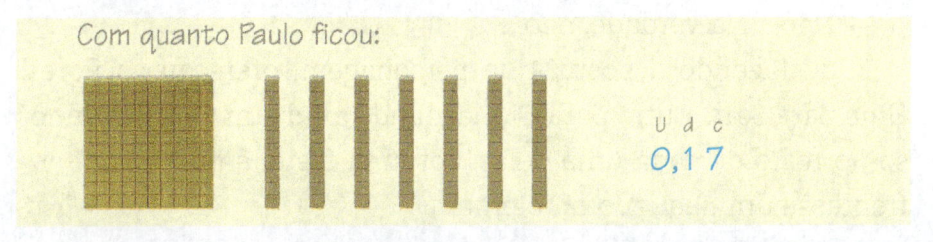

— Podemos dizer que o Paulo ficou com 17 centésimos! — disse Glória.

— Excelente observação! — aplaudiu a pequena Sara. — Um número decimal não se altera quando acrescentamos ou tiramos um ou mais zeros à direita de sua parte decimal. Observem:

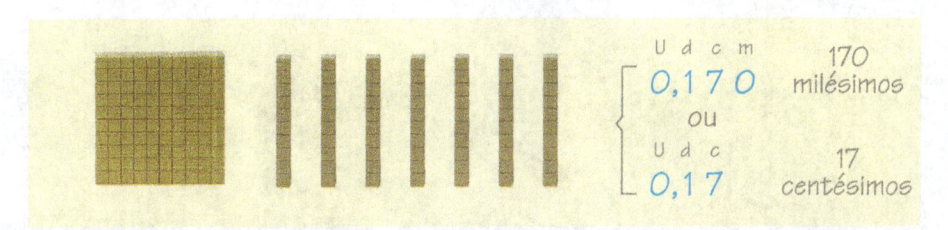

— E isso vale sempre? — quis saber Glória.

Embora a questão fosse dirigida a Sara, Paulo antecipou-se:

— Eu estava aqui pensando de que modo acrescentar ou tirar zeros à direita da parte decimal pode ser relacionado com as frações... Afinal, foi delas que nós partimos... Acho que cheguei a algumas conclusões. — E propôs, então, a seguinte tabela:

	3 décimos	30 centésimos	300 milésimos
Fração decimal	$\dfrac{3}{10}$	$\dfrac{30}{100}$	$\dfrac{300}{1000}$
Número decimal	0,3	0,30	0,300

— Observando as frações decimais e os números decimais — continuou ele —, vamos ver que 3 décimos equivalem a 30 centésimos, a 300 milésimos e assim por diante. Estou certo, Sara?

— Certíssimo — respondeu ela, satisfeita.

Glória acompanhou toda a explicação e, ao final, perguntou:

— Você vai dar as duas flores que comprou à mesma pessoa?

— Não... Na verdade, não...

E, desfazendo a postura de personagem, ofereceu as flores. Uma para Sara, outra para Glória, dando ainda um beijo carinhoso no rosto de cada uma delas. Foi uma festa, embora Sara enfrentasse um pequeno problema.

— Bem que esta flor podia ser menor. Ela é quase do meu tamanho!

12

Ogirep

Ninguém imaginaria que aqueles três nunca haviam se falado antes. A alegria de Paulo era enorme. Afinal, Glória deixara de ser um sonho impossível em sua vida. E a conversa seguia animada, quando Sara avisou:

— Pessoal, eu vou precisar dar uma saidinha. Preciso acabar algo que deixei começado... Esperem, que eu não demoro.

— Sua ideia de tempo é muito relativa... Não vá nos deixar esperando por alguns séculos — brincou Paulo.

— Já pensou? Você encontraria dois velhinhos aqui — acrescentou Glória no mesmo tom.

— Não se preocupem, eu sei muito bem lidar com o tempo — e, virando-se para Paulo, perguntou: — Quanto você tem do Material Dourado?

O garoto examinou e revelou:

— Tenho 1 placa e 7 barras. Ou 17 centésimos, se preferir.

— Talvez isso não seja o suficiente. Vou lhe deixar mais 3 placas e 3 barras. Isto é, 33 centésimos.

— Então ficaremos com... Vejamos...

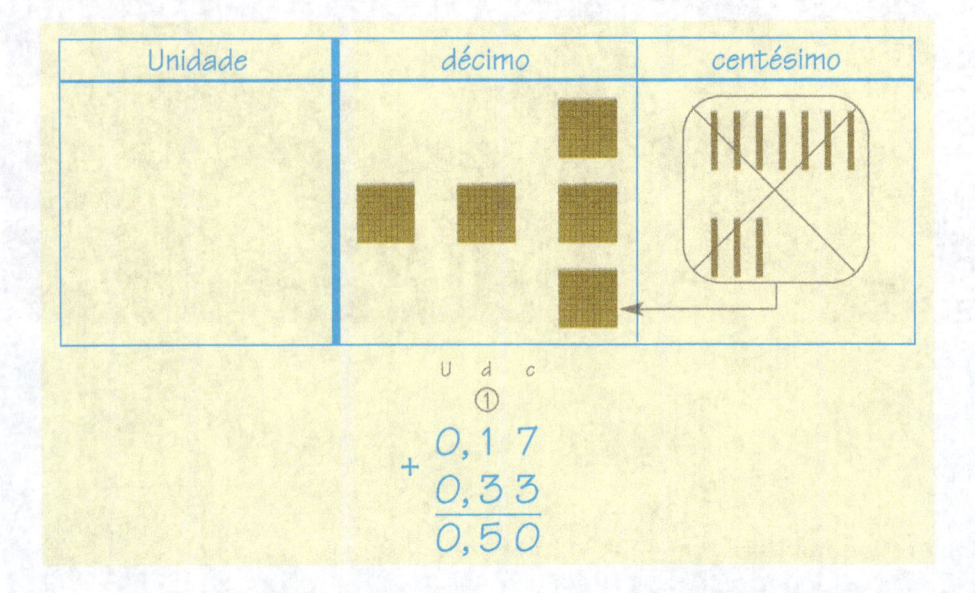

Realizado o cálculo, o jovem pegou as peças que tinha e reuniu à quantidade que Sara lhe entregara. E comentou:

— Confere com o cálculo... São 50 centésimos. Acho que posso reunir tudo isso em 5 placas. Fica mais fácil de guardar...

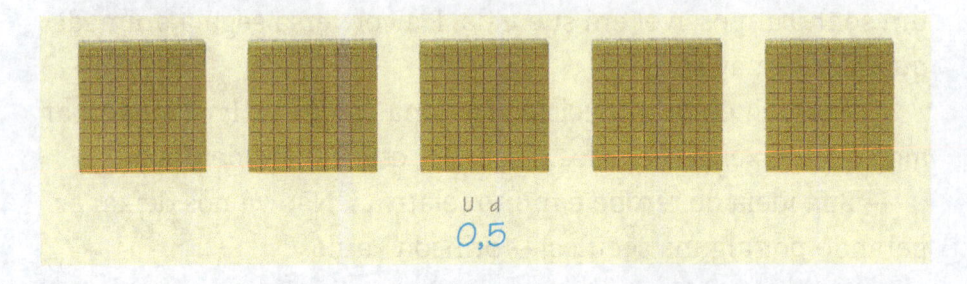

— Claro! — concordou a garota. — E isso confirma que podemos excluir os zeros à direita da parte decimal... pois 50 centésimos são equivalentes a 5 décimos.

Paulo, no entanto, mostrava-se intrigado por outro motivo:

— Sara, por que você está nos deixando com essas 5 placas de Material Dourado?

— Bem, na verdade, ele serve como dinheiro para algumas pessoas daqui — revelou ela.

— Ah, é? No início você me falou numa espécie de desafio...

— É verdade — confirmou ela. — Fui desafiada a decifrar estas peças e consegui, com a ajuda de vocês. Bom, agora preciso ir. Divirtam-se, mas evitem encrencas. Esses 5 décimos podem ser muito úteis.

— Meter-se em encrenca num lugar maravilhoso como este? — interrogou Glória. — Eu não imagino como!

— Cautela nunca é demais! Ah! Ia me esquecendo. Fiquem com esta mochila, vocês podem precisar. Bom passeio!

Sara falou e desapareceu da vista deles como por encanto. Glória convidou:

— O que você acha de tomar mais um banho de cachoeira?

— Puxa! Pelo jeito você está perdendo o medo mesmo! Vamos lá!

Agora, Glória já conseguia boiar sem dificuldade. E, embora desajeitadamente, dava suas braçadas, conseguindo nadar de um lado para outro da piscina natural. Passado algum tempo, a garota parecia uma nadadora profissional. E nadaram tanto, fizeram tanto exercício que, ao sair da água, Paulo sentiu fome.

— Glória, eu estava pensando em dar uma volta pela praia para ver se a gente encontra alguma coisa para comer...

Como Glória concordasse, seguiram pela costa da pequena praia até atingir os rochedos que ficavam em uma das extremidades. Mal acabaram de chegar e logo notaram uma trilha, que entrava para o interior, mata adentro.

— Vamos por aqui — sugeriu Paulo. — Minha intuição diz que nesta direção tem comida.

— Não é melhor a gente ficar na praia? A Sara disse para a gente não se meter em encrenca.

— Mas o que poderia nos acontecer? Vamos!

Depois de algum tempo, Paulo comentou:

— Humm... Já estou sentindo cheiro de lanchonete...

— Ora, Paulo, o que é isso?

— Cheiro de hambúrguer, batata frita, sorvete, refrigerante...

— É mesmo!

Animados com a possibilidade de encontrar comida, eles prosseguiram a caminhada até que, de repente, a trilha se abriu na frente deles. A surpresa não poderia ser maior. Uma placa dizia claramente:

Os jovens seguiram as setas indicativas e chegaram a um jardim com um quiosque bem no centro. Uma mesa e duas cadeiras os esperavam. Paulo seguiu na frente e sentou-se. Glória imitou-o, menos à vontade. E, sem que percebessem de onde, surgiu o garçom. Um pequeno que ria o tempo todo, diferente de Sara e Wiujam.

— Meu nome é Ogirep. Temos lanches de todos os tipos, mas, pelo tamanho de vocês, eu sugiro nossa especialidade: sanduíches de quatro andares... Eles são deliciosos!

Glória, que não simpatizara nada com o garçom, cutucou o amigo e cochichou:

— Paulo, vamos embora daqui. Não estou gostando nem um pouco do jeito dele.

— Que é isso, Glória... Vamos tomar um lanchinho...

— Nós estamos numa dimensão diferente. Quem disse que precisamos de comida?

— A dimensão pode ser diferente, mas meu estômago é o mesmo — brincou Paulo. E, dirigindo-se ao homenzinho à sua frente, pediu:

— Eu quero um desses de quatro andares. Um não, dois.

— Peça só um, que eu não quero — observou Glória.

— Os dois são para mim.

— Pensando bem, eu vou querer um desses também...

Em menos de um segundo Ogirep voltou trazendo os sanduíches pedidos numa bandeja. Assim que os entregou, retirou-se novamente, deixando os jovens a sós.

Enquanto comiam, os dois reparavam melhor no ambiente. O lugar era muito agradável. O quiosque de sapé fora construído à sombra de uma árvore enorme, cujos galhos se espalhavam por todos os lados. Estavam terminando de comer os sanduíches, quando algo de estranho aconteceu. A ramagem da árvore começou a se mover, envolvendo o quiosque como se fosse uma espessa cortina verde. Mais estranhas ainda eram as afiadas garras que brotavam das folhas, abrindo e fechando, ameaçadoramente.

— Paulo, você... você reparou nas folhas? — gaguejou Glória.

— Sim... E agora, o que vamos fazer?

Nesse instante, Ogirep voltou.

— Ah, garotos... Muito cuidado com estas plantas... Elas são carnívoras! E só eu tenho controle sobre elas. Só eu!

— O que... O que você quer de nós? — indagou Paulo.

— Quero que me paguem pelo que comeram. E como vocês não têm o que eu quero, serão meus prisioneiros.

— Por que não fala direito o que quer? — conseguiu dizer Glória, apesar do medo.

— Ora, menina, eu sei que vocês não têm. Vocês não são daqui. Cada sanduíche custa 12 milésimos de Material Dourado, um metal muito precioso em forma de placas, barras e cubinhos.

Ogirep falou e sumiu no ar, deixando os dois prisioneiros na certeza de que jamais sairiam dali. Paulo percebeu o desânimo da amiga e tratou de reanimá-la.

— Não se preocupe, Glória, nós podemos escapar. Nós temos 5 décimos, é mais do que ele nos pede...

— Doze milésimos é o preço de um único sanduíche! Precisamos multiplicar esse valor por 3. E eu estou apavorada demais para pensar em cálculos — reclamou Glória.

— Não temos alternativa! Temos de fazer os cálculos para pagar o que ele nos pede...

Dizendo isso, Paulo pegou o bloco de anotações na mochila e começou a registrar:

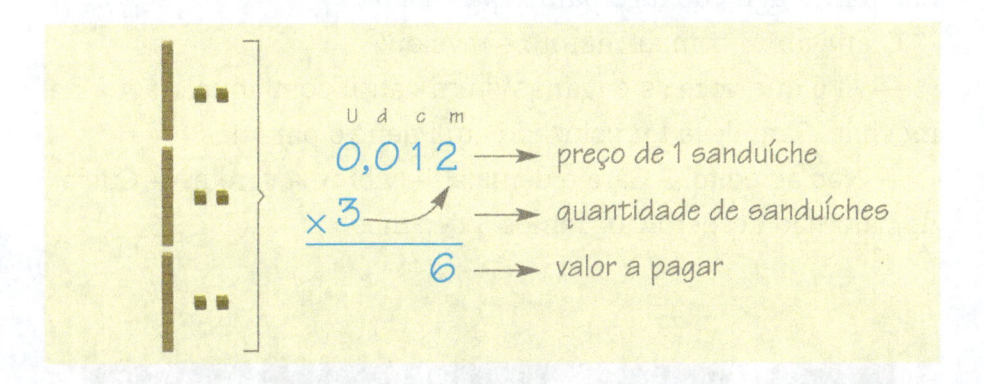

Depois de escrever, ele mostrou o papel, tentando acalmar a amiga:

— Acho que não vai ser difícil. Nós temos de fazer 3 vezes 2 milésimos, que resultam em 6 milésimos. Por isso registrei o 6 na casa dos milésimos...

— Tem razão — concordou Glória. — É como uma multiplicação comum. É só colocar cada número no lugar certo. Três vezes 1 centésimo resultam em 3 na casa dos centésimos. Agora completamos com zeros as casas dos décimos e unidades e colocamos a vírgula entre eles.

Ela falou e o jovem registrou:

— Aí está, Glória. Temos de pagar 36 milésimos.

— Tudo bem. Vamos agora ao segundo problema... Lembra que você juntou tudo em 5 placas, ou seja, 5 décimos? Como é que daremos a ele 3 barras e 6 cubinhos? As peças estão imantadas e não temos água do lago para separá-las.

O amigo riu com ar maroto e revelou:

— Aí é que você se engana. Vi um cantil com aquela água na mochila. Sara deve ter colocado aqui dentro para nós!

— Não acredito! A Sara é demais! — vibrou a garota. — Cuidado para não desperdiçar. Temos 5 décimos.

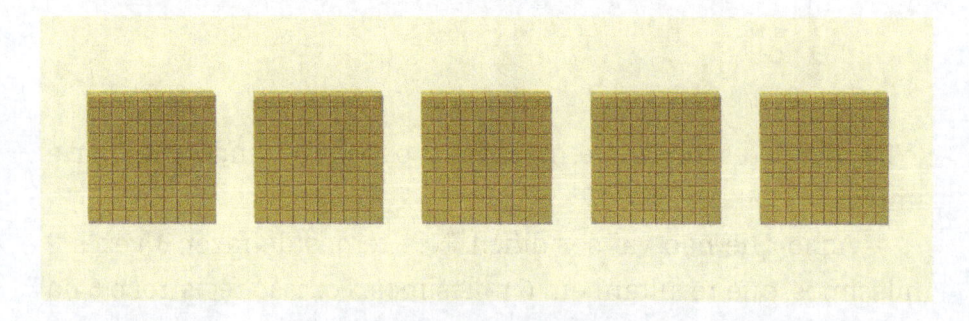

Paulo pegou o cantil e, com todo cuidado, despejou algumas gotas sobre uma das placas para decompô-la em 10 barras. A operação surtiu o efeito desejado. Ficaram com 4 placas e 10 barras.

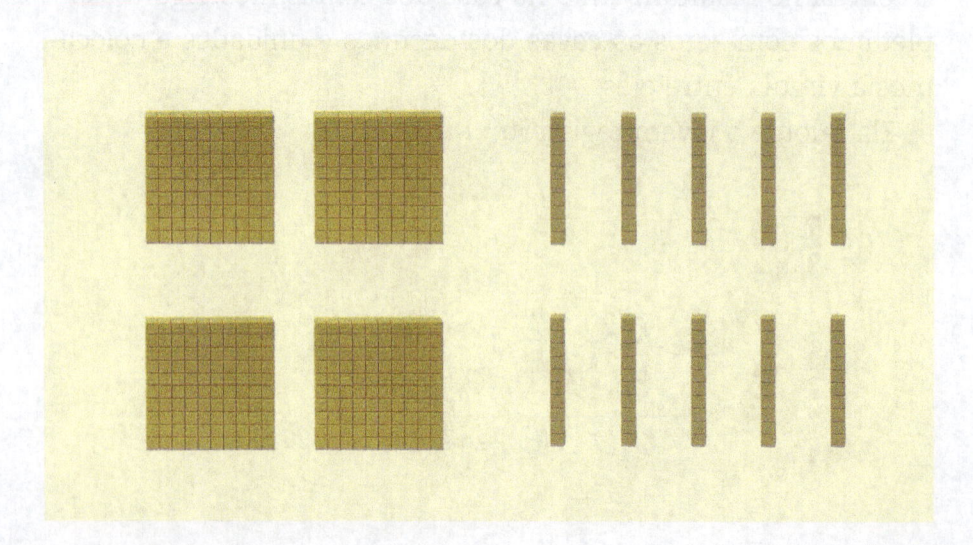

— Ótimo! Agora precisamos desmanchar uma das barras em cubinhos, a fim de obtermos os milésimos. Ficaremos, então, com 4 placas, 9 barras e 10 cubinhos.

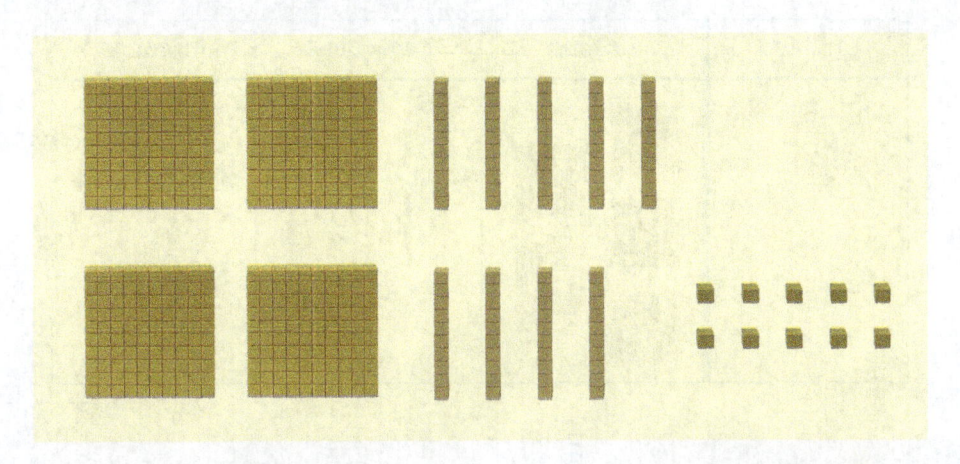

— Certo, Glória, vou anotar o que estamos fazendo. Isso ainda vai virar um livro!

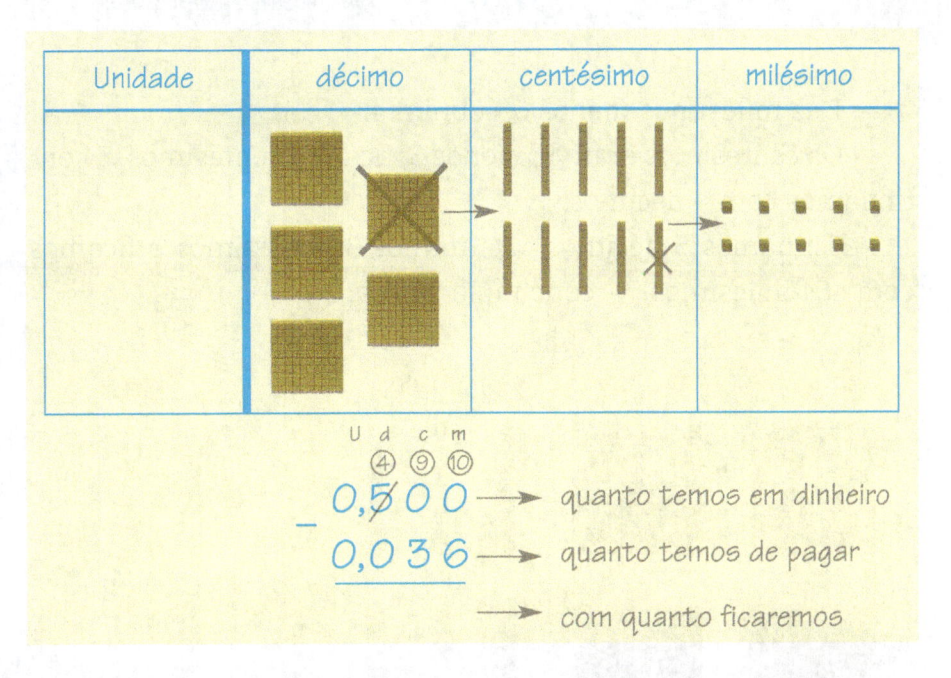

Unidade	décimo	centésimo	milésimo

U d c m
④ ⑨ ⑩

0,500 ──→ quanto temos em dinheiro
0,036 ──→ quanto temos de pagar
──→ com quanto ficaremos

— Que bom, Paulo! Podemos pagar esse tal de Ogirep. Espero que, depois de receber, ele deixe a gente em paz.

— Eu também! Bom... Estamos com 4 placas, 9 barras e 10 cubinhos. Agora é só anotar a subtração que estamos fazendo.

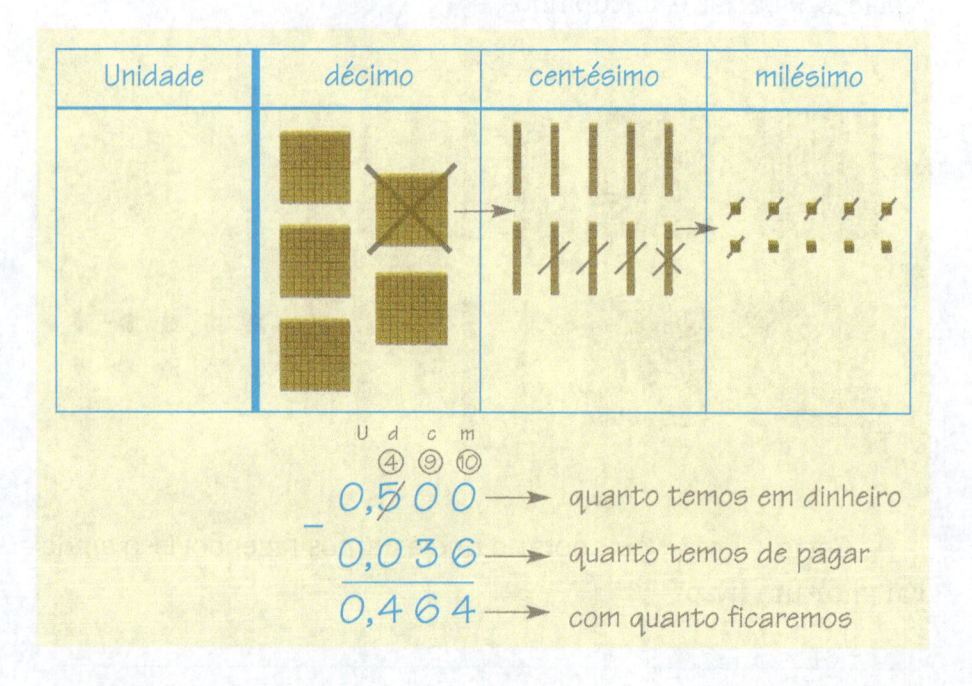

Unidade	décimo	centésimo	milésimo

U d c m
④ ⑨ ⑩

$-$ 0,5 0 0 ——→ quanto temos em dinheiro

0,0 3 6 ——→ quanto temos de pagar

0,4 6 4 ——→ com quanto ficaremos

— Dez milésimos menos 6, sobram 4.

— Os centésimos eram 9; menos 3, ficam 6 centésimos. E continuamos com 4 décimos.

— Tínhamos 5 décimos... Retiramos 36 milésimos e ficamos com 464 milésimos — concluiu a garota.

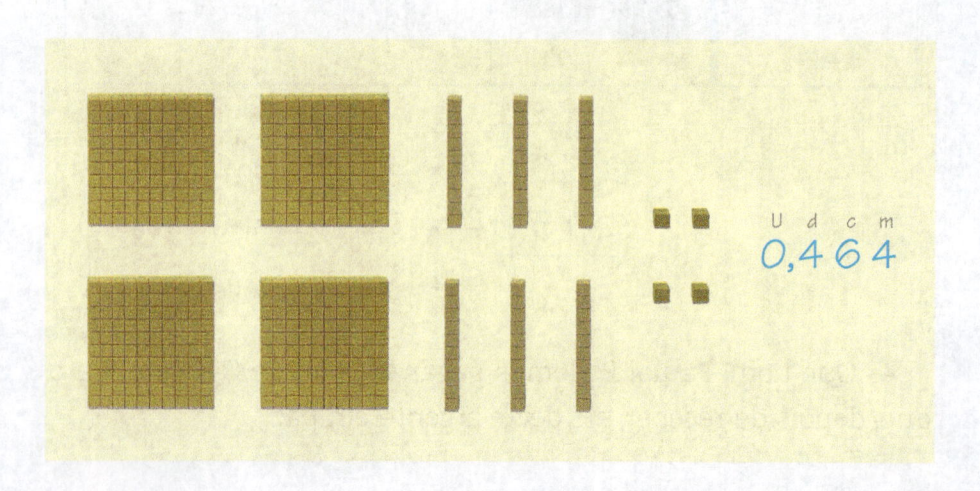

U d c m
0,4 6 4

— É isso mesmo! Mas é melhor que Ogirep não saiba que ainda temos dinheiro sobrando.

Paulo e Glória aguardaram, então, a volta do estranho garçom, com o valor dos sanduíches já separado. Nem precisaram esperar muito tempo.

— Olá, meus amigos... Se vocês tivessem dinheiro, eu ordenaria à minha árvore carnívora que abrisse passagem para vocês...

— Você jura? — perguntou Glória, com ar inocente.

— Ora, eu só tenho uma palavra — respondeu Ogirep. — Se mentir, perco meus poderes.

— Então pode ordenar a ela que se afaste — retrucou Paulo. — Aqui está seu dinheiro: 36 milésimos.

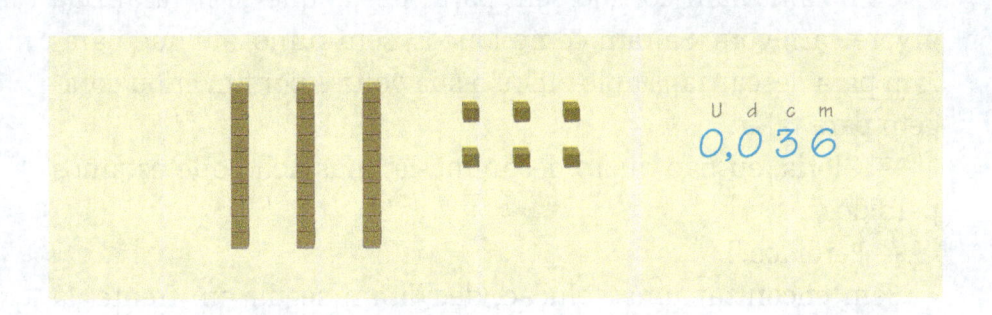

Completamente surpreso, Ogirep hesitou um instante, mas acabou cedendo: ordenou que os ramos se afastassem, deixando Paulo e Glória escapar sem nenhum arranhão.

13
No fundo do poço

Os dois haviam corrido sem parar desde que se livraram da árvore carnívora. Saíram como loucos, sem rumo, até que pararam para descansar. Paulo olhou a sua volta e por fim criou coragem para falar:

— Glória, eu não quero desanimá-la, mas acho que estamos perdidos...

— Perdidos?!

Sem encontrar uma solução, decidiram seguir em frente. Já haviam andado bastante, estavam cansados e resolveram parar.

— Glória, você está vendo aquilo?

— Uma casa! E tem gente na porta... Vamos!

Era uma senhora, muito simpática, que foi logo convidando:

— Venham. Cheguem até aqui.

— Vamos, Paulo — chamou Glória, que se adiantara em direção a casa.

O interior parecia uma butique, onde se misturavam lenços de seda coloridos, perfumes exóticos, roupas bonitas e enfeites de todos os tipos. No entanto, quando Paulo entrou não viu mais a amiga.

— Glória? Onde você está? — chamou ele.

— Não se preocupe, meu jovem; ela está experimentando algumas roupas — respondeu a senhora, de um dos aposentos.

— Glória! Glória! — tornou a chamar, elevando o tom da voz.

Já se preparava para chamar Glória uma vez mais, quando ela surgiu à sua frente. Estava mais bonita que nunca! As roupas cintilavam e em seus cabelos havia um arranjo de flores.

— Uau! Você está linda! — exclamou Paulo, deixando-se levar pela emoção. Mas logo ele percebeu que a situação pedia cautela.

— Glória, é melhor a gente ir andando... Você pode voltar depois com a Sara...

E virando-se para a mulher:

— A senhora nos desculpe... Precisamos ir embora...

Foi quando aconteceu algo assustador. A simpática senhora começou a se transformar no terrível Ogirep. Glória, porém, não se dava conta de nada. Estava hipnotizada! Paulo procurava se controlar ao máximo, enquanto pensava numa maneira de tirar a amiga dali. De repente, viu um balde de água junto à porta e não pensou duas vezes. Pegou-o e atirou todo o conteúdo sobre a amiga.

— Ai! O que está acontecendo? — disse Glória, voltando a si. — Que roupas são estas que estou vestindo?

Ogirep abandonou rapidamente o casebre e lá de fora falou:

— Quero ver vocês se livrarem desta agora!

— E agora, Paulo? — soluçou Glória. — Como vamos voltar à cachoeira?

— Cachoeira? — interveio Ogirep. — Por que não disseram logo?

Nesse instante o piso da cabana se abriu e eles foram lançados numa correnteza muito forte que desembocava numa enorme cachoeira. Em poucos instantes, eles despencavam junto com as águas dentro de um gigantesco poço, que parecia não ter fim. Por sorte eles foram atirados a um patamar de pedra, que ficava numa das paredes rochosas do poço. A pouca distância, a água descia com força e ruído assustadores.

— O que vamos fazer? — desesperou-se Glória.

— Acho que só tem um jeito... Escalar esta parede...

— Você ficou louco? A gente pode cair! — protestou a garota.

De repente, Paulo sentiu que sua mochila estava sendo fortemente atraída pelas rochas da parede. Observando melhor, o ga-

roto viu que, na verdade, eram as peças do Material Dourado que estavam sendo atraídas.

— Tenho um plano para escaparmos daqui — disse ele a Glória. — Só não sei se dará certo...

Com todo cuidado, ele retirou da mochila uma das barras e deixou que nela respingassem algumas gotas de água daquela cachoeira.

— Parece que vai funcionar, Glória.

— Acho bom me contar logo, pois não estou entendendo nada, Paulo.

— Precisamos subir, mas estas rochas são muito escorregadias. O jeito é construir alguns degraus...

— Degraus? Como assim? A queda deve ter abalado sua mente. Esses degraus seriam feitos do quê? — disse a garota, aflita.

— Com estas peças do Material Dourado. A água dessa cachoeira não desmancha as peças, eu já testei. E, pelo jeito, elas vão se fixar firmemente nas rochas.

— Tem certeza?

Paulo retirou 4 cubinhos da mochila e os aproximou da parede. As peças se fixaram de tal forma que nada poderia retirá-las do lugar em que ficaram.

— Funciona! — exclamou o garoto, contente. — Faremos apoios com essas peças. Eu irei na frente fixando cada uma delas, e você me segue.

— E o material que temos vai ser suficiente para toda a escalada?

O garoto parou para pensar e considerou:

— Ficamos exatamente com 46 centésimos...

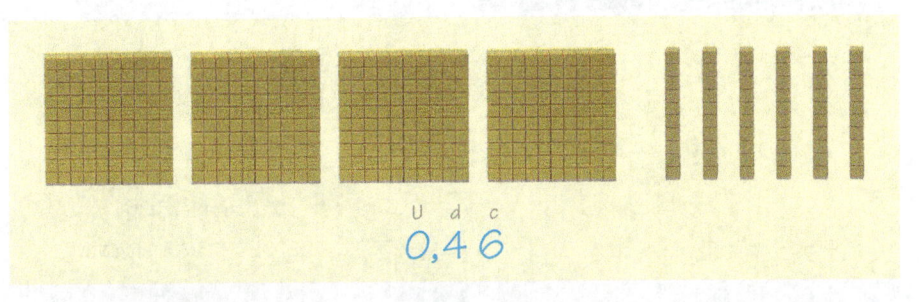

— É, eu acho que dá... — disse a garota.

— O melhor é sabermos antecipadamente com quantas peças faremos cada um dos apoios.

— Para saber isso, precisamos fazer uma... divisão! E nós ainda não fizemos nenhuma com números decimais e com o Material Dourado!

— Pelo menos, teremos tempo para pensar. Ogirep nem sequer imagina que nós temos um plano de fuga.

No mesmo instante ouviram a voz de Ogirep ecoando entre as pedras:

— Há! Há! Há! Vocês estão perdidos!

— De quantos apoios você acha que precisaremos, Paulo?

— Creio que uns 20 serão suficientes.

— Teremos de dividir os 46 centésimos por 20. Assim saberemos quantas peças ficarão em cada apoio.

Paulo pegou o bloco de anotações na mochila e começou o cálculo que deveria tirá-los daquela enrascada. Glória conferia o material.

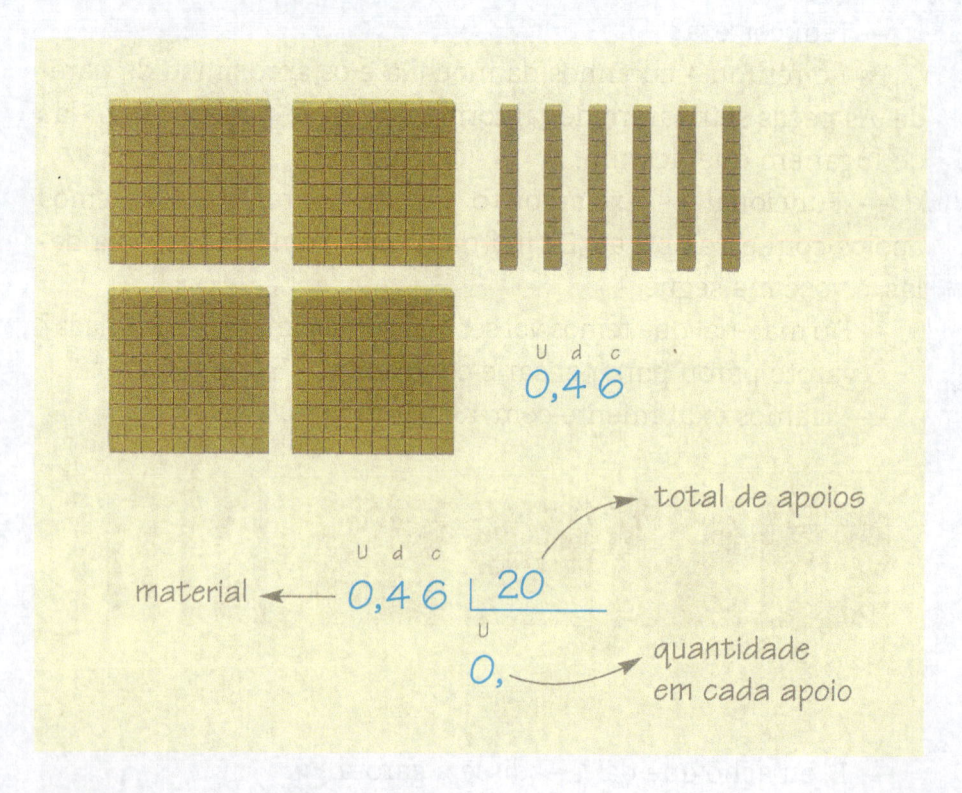

— Não temos unidades para dividir, então eu já coloquei o zero e a vírgula no quociente.

— Como assim?! — estranhou a garota.

— Nós só temos placas e barras... Isto é, décimos e centésimos. Então colocamos o zero e a vírgula no quociente, para indicar que não teremos unidades nos apoios.

— Entendi. Agora vamos dividir os 4 décimos por 20... Mas isso não dá para fazer... Então marcamos no quociente que também não teremos décimos nos apoios. É isso? — dizia ela olhando para o material.

— Acho que estamos no caminho certo, Glória.

        U d c   → *total de apoios*

material ←—— 0,4 6 | 20
           U d

        0, 0 → *quantidade em cada apoio*

E prosseguiu no raciocínio:

— Não podemos dividir 4 décimos por 20, mas podemos desmanchar 4 décimos em 40 centésimos, certo? Nós temos 46 centésimos...

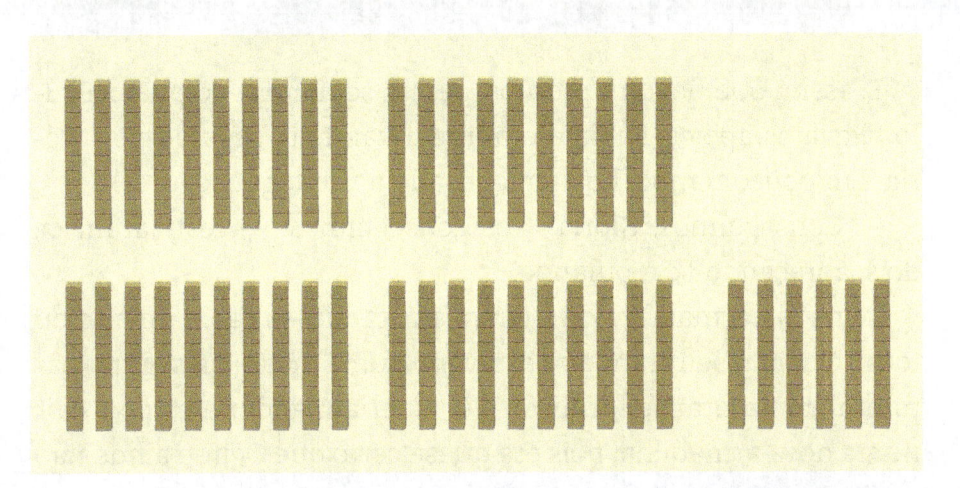

— ... para distribuir por 20!

— Dá para colocar 2 centésimos em cada apoio! Duas vezes 20 são 40: vou marcar que já distribuí esses 40!

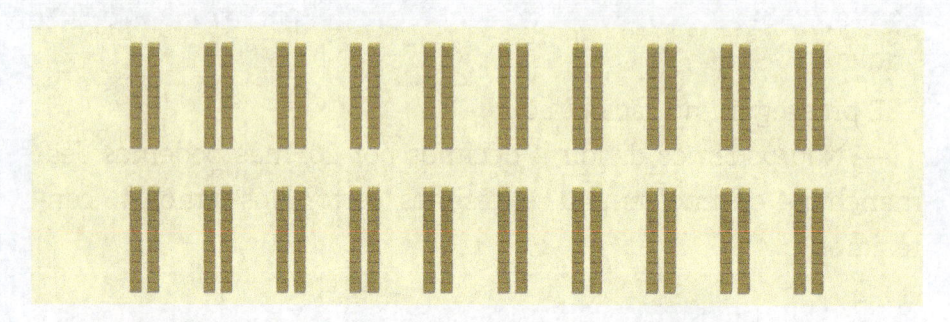

Efetuado o cálculo, Glória aplaudiu:

— Que maravilha, Paulo! Colocando 2 centésimos em cada apoio, conseguiremos fazer os 20 apoios de que precisamos e ainda sobram 6 centésimos!

Com toda atenção e paciência, prepararam os 20 apoios.

E, assim que ficaram prontos, deram sequência ao plano. Paulo fixava os apoios, subia e era imediatamente seguido por Glória. Em pouco tempo, haviam chegado a um lugar seguro.

— Conseguimos, Glória! Nós conseguimos! — festejaram os dois, abraçando-se e pulando.

Livres da armadilha de Ogirep, afastaram-se rapidamente do local. Quando sentiram que estavam a uma distância segura, pararam para tentar se localizar. Não queriam andar a esmo e cair numa nova armadilha, pois era quase certo que Ogirep ainda não havia desistido.

14 Contato telepático

O que Paulo e Glória mais queriam era voltar à praia da cachoeira, de onde haviam saído à procura de comida. Mas não sabiam onde estavam nem que direção deveriam tomar.

— Paulo, acho que o único jeito de a gente sair daqui é tentando uma comunicação telepática com a Sara.

Os olhos do garoto brilharam em sinal de aprovação.

— Não custa tentar! Vamos tomar um pouco dessa água que sobrou no cantil. Pode ser que ajude...

Os dois dividiram a água que havia sobrado e concentraram seus pensamentos chamando Sara. Foi o suficiente. Num piscar de olhos, a simpática garotinha surgiu diante deles.

— Sara! Que bom ver você! — exclamou Glória, emocionada.

— Se não tivessem tentado o contato telepático eu não encontraria vocês. Esta região está sob a influência das energias de Ogirep. Vocês caíram em alguma das armadilhas dele?

Os jovens relataram todo o ocorrido, desde quando resolveram sair em busca de comida até a fuga do poço em que caíram.

— Bem que eu avisei para não se meterem em encrencas! Vocês notaram que o nome Ogirep é perigo de trás para a frente?

— O homem é um perigo mesmo! — considerou Glória.

— Imagine que, para sair das armadilhas, nós usamos os números decimais e o Material Dourado! — disse Paulo.

— É verdade. Fizemos uma multiplicação e uma divisão com os números decimais!

Sara ficou muito satisfeita com o que ouviu, mas não se esqueceu das precauções:

— Bem, é melhor procurarmos um lugar mais seguro...

E, oferecendo suas mãos aos jovens, falou:

— Concentrem o pensamento no lago onde Glória chegou. Wiujam está a nossa espera.

Ao chegarem lá ficaram sabendo que Glória precisava retornar imediatamente. A família da menina estava muito preocupada e ela precisava chegar à superfície do lago o quanto antes...

Glória despediu-se num misto de alegria e tristeza. Alegria por voltar à família, tristeza por deixar os novos amigos.

— Não fique triste — disse Sara. — Nos momentos de saudade, lembre-se de nós, e as vibrações de seu pensamento chegarão aqui! Depois que as pessoas se tornam amigas, não há distância que possa abalar o sentimento que as une...

— Aprendi muitas coisas com vocês; jamais vou me esquecer...

De Paulo ela não precisava se despedir. Em breve estariam juntos na escola, com a diferença de que agora eram amigos, iriam conviver. Sem falar no belo trabalho que pretendiam apresentar na Semana Cultural.

Quando, finalmente, Wiujam partiu com Glória rumo à superfície, Sara perguntou:

— E então, Paulo? Antes de vir para cá, você acreditava que havia algo em você que pudesse afastar a Glória...

— De que você está falando? Não estou entendendo.

— Quando você chegou aqui, acreditava que o fato de ser negro impediria seu relacionamento com a garota.

— É verdade... — concordou Paulo.

— E agora?

— Estou quase explodindo de felicidade. Desde que Glória chegou, percebi que isso não tem nenhuma importância para ela...

Sara riu e disse:

— O importante é que *você* não se importe, Paulo. Porque se ficarmos dependendo da aceitação dos outros, nunca estaremos bem. E isso não vale só para cor de pele, não! Veja minha altura, por exemplo...

— Ora, eu nem penso em você como pequena! Aliás, você é uma grande pessoa.

A caminho da praia do lago, Sara exigiu:

— Assim que chegarmos, você vai me mostrar como fez a multiplicação e a divisão que os ajudaram a fugir de Ogirep.

Já na praia, o garoto comentou:

— Ainda não consegui me acostumar com esse friozinho na barriga que bate quando a gente se locomove na velocidade do pensamento. Seria tão bom poder usar esses poderes lá do outro lado do lago...

— Um dia, quem sabe? Já houve tempo em que o homem não sabia usar nem mesmo o fogo, não imaginava construir máquinas...

Mas uma velha pergunta intrigava Paulo:

— E então, Sara? Por que você precisava tanto decifrar o Material Dourado?

— Está bem, vou contar. Esse material foi desenvolvido por Ogirep. Um dia ele me desafiou, dizendo que ninguém conseguiria decifrar a estrutura dos cubos e sua relação com os números decimais. Sem pensar, eu respondi que decifraria...

— Ainda bem que você conseguiu!

— Graças a sua ajuda. Eu conhecia os números decimais, mas não conseguia relacioná-los com as peças...

Sara suspirou aliviada e revelou o ponto-chave da questão:

— Se não conseguisse decifrar, teria de entregar meu cinto para ele e perderia parte de meus poderes. O resto você sabe. Por isso, aliás, ele os queria como prisioneiros... Para que não pudessem me ajudar.

15

Novas descobertas

Depois de muita conversa, decidiram retomar o trabalho.

— Já que começamos a pesquisar os números decimais e sua relação com o Material Dourado, por que não vamos até o fim? — propôs Paulo.

— O que você ainda pretende descobrir? — indagou Sara.

— Quando paguei os sanduíches, fiz uma multiplicação entre um número natural e outro decimal... Como eu faria se os dois fatores fossem números decimais?

— Pois bem, mãos à obra. Não pense que vou lhe dar as respostas prontas, não.

Sara pegou o famoso bloco de notas e propôs o seguinte cálculo:

$$
\begin{array}{r}
U \; d \; c \\
2,3\,4 \\
\times\; 0,1 \\
\hline
\end{array}
$$

— Paulo, vamos multiplicar 1 décimo por 4 centésimos. Como seria em fração decimal?

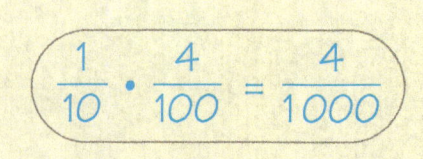

— Aí ficou fácil! O resultado é 4 milésimos.

— E como podemos representar 4 milésimos em números decimais?

— É só colocar o 4 na casa dos milésimos. Vou acrescentar o *m* para indicar a casa dos milésimos.

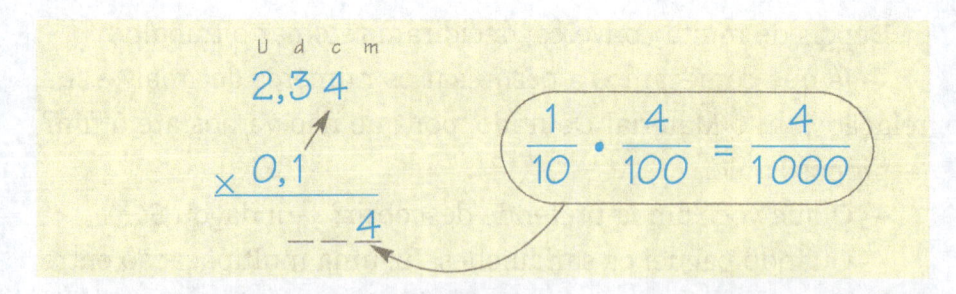

— Que interessante pensar assim... — considerou Paulo.

— Trata-se de colocar cada algarismo no lugar certo. Como são 4 milésimos, o mais lógico é colocar o 4 na casa correspondente!

— Sara, estou pensando em criar um muro para separar as casas que representam os valores inteiros dos valores decimais. Assim eu não me perco com a vírgula.

E foi o que fez:

— Continue — disse Sara.

— Multiplico 1 décimo por 3 décimos. Vou indicar em fração decimal e também em número decimal...

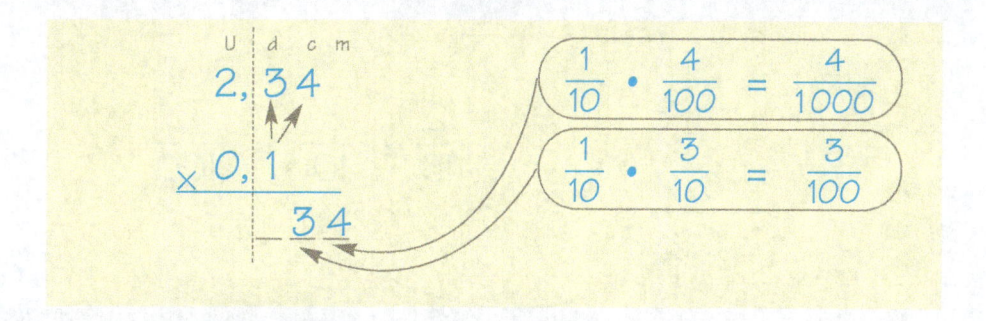

Sara acompanhou a operação e elogiou:

— Perfeito, Paulo. Você multiplicou 1 décimo por 3 décimos, resultaram em 3 centésimos. Daí é só colocar o 3 na casa dos centésimos.

— Falta multiplicar 1 décimo por 2 inteiros...

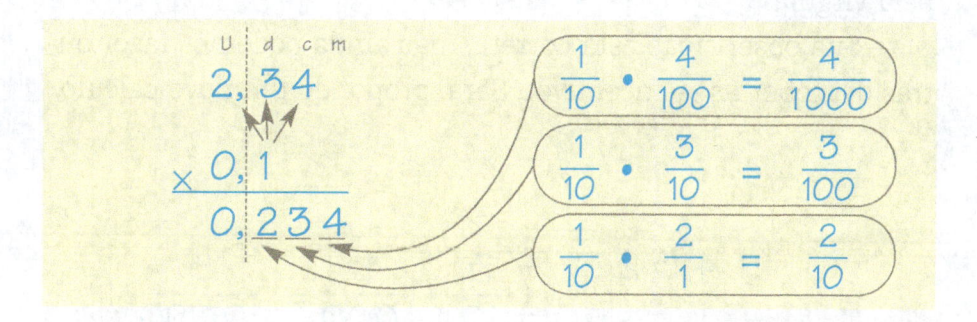

Ao terminar de escrever, ele comentou seu raciocínio:

— Foi só colocar o 2 na casa dos décimos e o zero na casa das unidades, pois não temos unidades. E o murinho que inventei me ajudou a não errar o lugar da vírgula. Certo?

— Parabéns!

Paulo, apesar de ter acertado todo o cálculo, ainda não estava satisfeito.

— Sara, não tem um jeito mais prático?

— Tem. Na verdade, basta analisar qual casa decimal devemos

ocupar em primeiro lugar. Depois, será como fazer uma multiplicação comum.

Dizendo isso, Sara fez o seguinte cálculo:

$$\frac{2}{10} \cdot \frac{3}{10} = \frac{6}{100}$$

Paulo ficou atento.

— Acho que entendi. Dois décimos vezes 3 décimos resultam em 6 centésimos. A primeira casa ocupada foi a dos centésimos. A seguir, multiplicamos 2 décimos por 4 inteiros, resultando em 8 décimos. E colocamos o zero na casa das unidades, acompanhado pela vírgula.

— Sua observação está correta, mas ainda podemos fazer outras descobertas — incentivou Sara, propondo um novo cálculo.

$$\frac{3}{10} \cdot \frac{1}{1000} = \frac{3}{10\,000}$$

— Desconfio que a primeira casa a ser ocupada é anterior à casa dos milésimos. Estou certo?

— Sim! Essa casa decimal é 10 vezes menor que a casa dos milésimos e recebe o nome de décimo de milésimo e fica, como você bem disse, à direita da casa dos milésimos. Marque essa casa decimal com as letras dm.

Satisfeito com sua descoberta, Paulo foi completando:

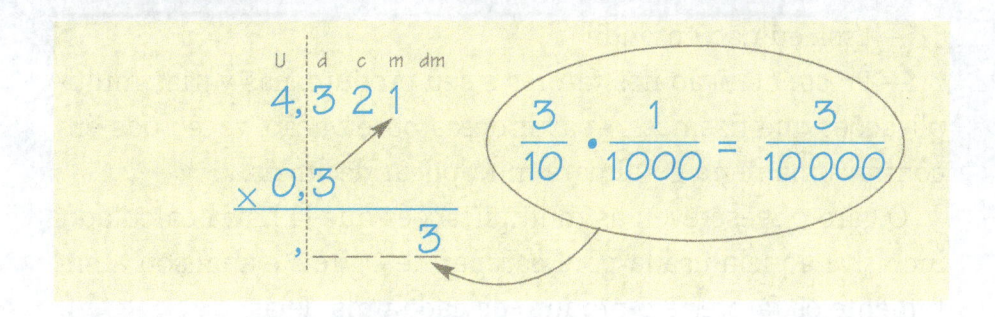

Ao final, comentou:

— Três décimos vezes 1 milésimo resultam em 3 décimos de milésimos. Agora é só continuar o cálculo...

— Isso mesmo! — apoiou Sara. — Depois de localizar a primeira casa a ser ocupada pelo produto, é só fazer a multiplicação. Todas as outras casas decimais coincidirão. Veja:

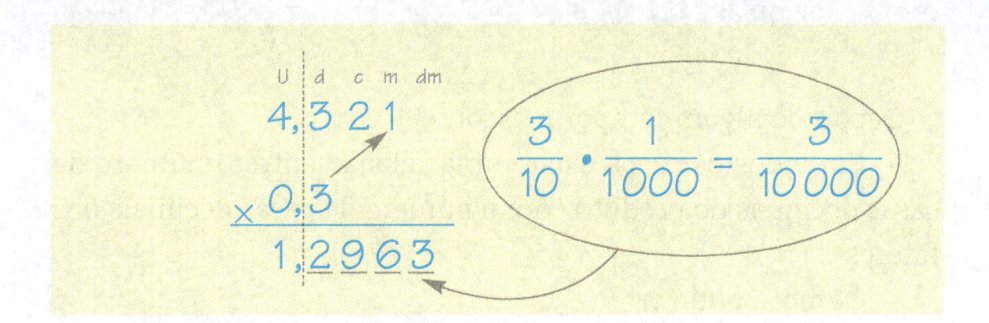

Paulo observou e concordou com Sara:

— Tem razão. Quer dizer que se eu não tivesse inventado o murinho não conseguiria acertar as multiplicações de números decimais?

— Conseguiria, sim. Se você observar bem, multiplicar decimais é quase como multiplicar números naturais. Você mesmo já havia comentado...

— Acontece que a gente tem de saber qual será a primeira casa decimal ocupada pelo produto. Eu não vejo outra forma de fazer isso.

Sara insistiu:

— Algumas pessoas fazem os cálculos como se a vírgula não existisse. Deixam para colocá-la no final.

— Essa eu não entendi!

— Preste atenção nos fatores e seu produto, nas várias multiplicações que fizemos. A partir dessa observação, você pode encontrar uma regra geral para multiplicar decimais.

O garoto reescreveu as multiplicações que já havia calculado, inclusive aquela usada para escapar de Ogirep, e analisou atentamente os fatores e o produto de cada uma delas.

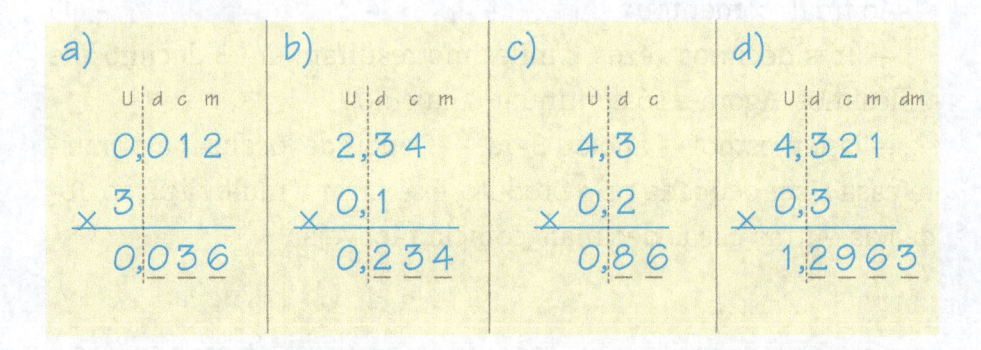

Depois de algum tempo, arriscou:

— Em todos os casos existe uma relação entre o número de casas decimais do produto com o número de casas decimais dos fatores.

— Ótimo! Continue!

— No primeiro caso existiam somente 3 casas decimais depois da vírgula; o produto, nesse caso, apresentou 3 casas decimais depois da vírgula também. Isso era mais ou menos fácil de perceber, pois a multiplicação era de um número decimal por um número natural.

— E nos outros casos? — quis saber Sara.

— Nos outros, a soma do número de casas decimais depois da vírgula dos fatores coincide com o número de casas decimais do produto.

— Perfeito, Paulo!

Sara ficou toda feliz com a descoberta do amigo e confirmou:

— Ao fazer a multiplicação de números decimais, podemos

verificar quantas casas decimais têm os fatores; é só contar o número de casas decimais... E o resultado terá o mesmo tanto de casas decimais. Vamos confirmar isso já, já.

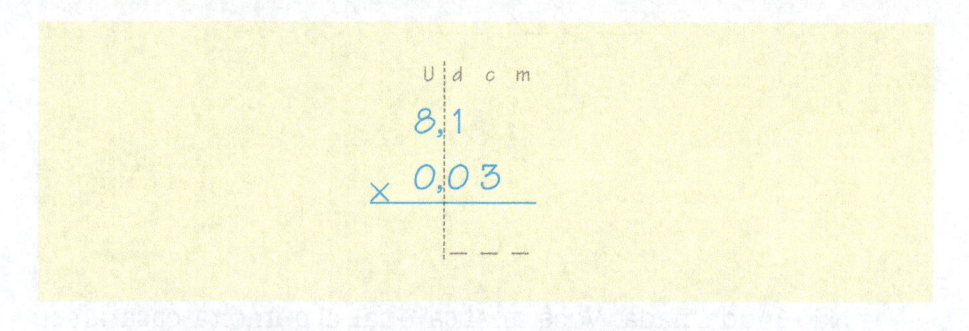

— Observe essa multiplicação... Ela apresenta 1 casa decimal em um dos fatores e 2 casas decimais no outro. Portanto, o produto terá 3 casas decimais, concorda?

— Concordo. É só conferir: centésimos vezes décimos resultam em milésimos. — Paulo falou e calculou corretamente:

— Nem todas as pessoas colocam esse murinho. Nesse caso, o cálculo é feito como uma multiplicação comum e, depois, contam-se as casas decimais dos fatores. Em seguida, deixam-se tantas casas decimais no produto quantas forem necessárias.

— Eu ainda prefiro arrumar as casas decimais colocando o murinho — contrariou Paulo. — Assim nunca terei dúvida sobre onde colocar a vírgula. Além do mais, isso servirá para eu saber onde começo a escrever o produto.

— Tudo bem. Mas se encontrar alguém fazendo de um jeito diferente do seu não diga que está errado.

— OK! E se surgirem multiplicações mais complicadas... Assim, por exemplo...

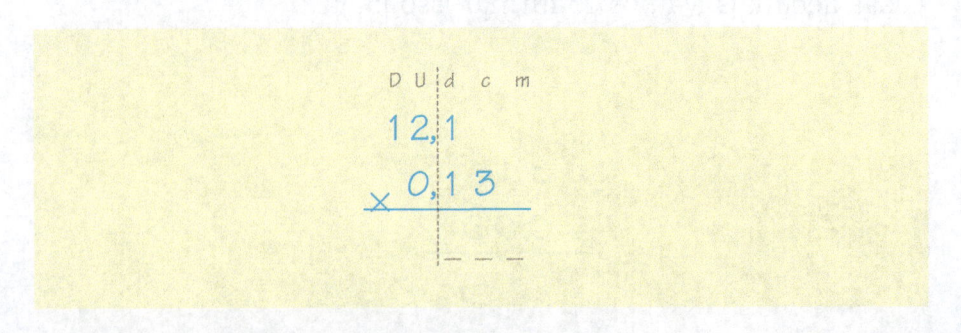

$$
\begin{array}{r}
D\ U\ |\ d\ \ c\ \ m \\
12{,}1 \\
\times\ 0{,}13 \\
\hline
-\ -\ -
\end{array}
$$

— Não muda nada. Você analisa qual a primeira casa a ser ocupada pelo produto. Neste caso, será o milésimo, como você marcou. Depois resolve normalmente a multiplicação, que as casas decimais coincidirão.

Paulo multiplicou sem dificuldade, atento à colocação dos algarismos em suas casas decimais corretas. Ao terminar, foi só somar os produtos parciais e colocar a vírgula entre a casa das unidades e a casa dos décimos. Em seguida, resolveu novamente a multiplicação, sem se preocupar com as casas decimais, e colocou a vírgula no fim do cálculo.

$$
\begin{array}{r}
D\ U\ d\ c\ m \\
12,1 \\
\times\ 0,13 \\
\hline
363 \\
121\quad \\
\hline
1,573
\end{array}
\quad \text{ou} \quad
\begin{array}{r}
12,1 \longrightarrow 1\ casa\ decimal \\
\times\ 0,13 \longrightarrow 2\ casas\ decimais \\
\hline
363 \\
121\quad \\
\hline
1,573 \longrightarrow 3\ casas\ decimais
\end{array}
$$

MULTIPLICAÇÃO DE NÚMEROS DECIMAIS

- Multiplicamos os fatores acertando as casas decimais ou como se fossem números naturais;
- A quantidade de casas decimais do produto será igual à quantidade de casas decimais dos fatores juntos.

16

Dividindo tarefas

Após resolver as multiplicações, Paulo ficou entusiasmado. E se pôs a falar da divisão que ele e Glória haviam realizado para escapar do poço da cachoeira, onde Ogirep os atirara.

— Nós fizemos uma divisão de um número decimal por um número natural. A gente precisou preparar 20 apoios, usando o Material Dourado; então eu dividi 46 centésimos por 20. Descobrimos que poderíamos colocar 2 centésimos em cada apoio. Escapar da armadilha do Ogirep daquela forma foi fantástico!

— Vocês devem ter se sentido heróis de verdade! — comentou Sara, divertida.

— Foi demais! — confirmou Paulo. — Mas ficou faltando um ponto para completar nossa pesquisa... Como eu faria se tivesse que dividir um número decimal por outro decimal?

— Puxa! Você não descansa não?!

O jovem mal ouviu o comentário e prosseguiu:

— Além de fazer corretamente os cálculos matemáticos, estou compreendendo por que são resolvidos dessa forma.

— Você está certo, Paulo. Quando sabemos os porquês, seja lá do que for, estamos usando o raciocínio e não agindo como robôs programados. Aproveitando seu entusiasmo, Paulo, me diga como calcular o seguinte: tenho 80 pastéis e quero fazer pacotes com 4 pastéis. Quantos pacotes posso montar?

— Ora, Sara, que história de criança é essa agora? Isso é pergunta para alunos de 2.ª ou 3.ª série!

— Eu sei que é simples, mas, por favor, pode fazer a gentileza de armar esta divisão? Aproveite e marque o que cada número significa na história.

— Está bem, está bem...

E a contragosto Paulo calculou:

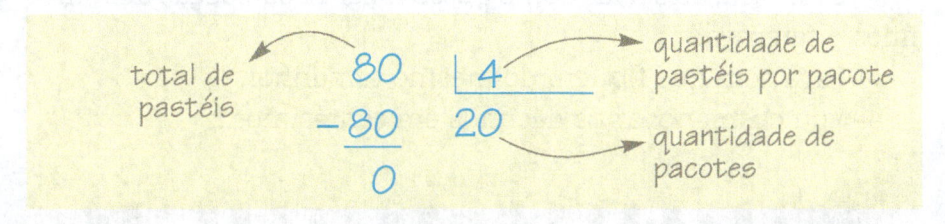

— Satisfeita, Sara?

— Estou, sim. Agora, como resolver o seguinte: tenho 4 décimos do Material Dourado e quero fazer pacotinhos com 5 centésimos cada um. Quantos pacotinhos poderei fazer?

— Mas, Sara... Como resolvo isso?

— Compare com a história dos pastéis. Tenho certeza de que vai conseguir! Tchauzinho, quando terminar é só me chamar.

Dizendo isso, Sara apertou um dos botões de seu cinto e desapareceu! Paulo não tinha alternativa, agora era só contar com ele mesmo. E começou a pensar:

— Bom, tenho uma certa quantidade... preciso fazer pacotinhos... Isso é uma divisão também...

E foi preparando:

— Já preparei o cálculo, e agora? Saaara!!!

E logo ela apareceu.

— Já acabou?

— Como, já acabou? Preciso de sua ajuda para resolver essa divisão!

— Ah! Então você já sabe que é uma divisão. Meio caminho andado. Pegue a quantidade de Material Dourado indicada. Quantas vezes 5 centésimos cabem aí dentro?

— Ora, Sara, eu sei lá! Como posso fazer se são peças de tamanhos diferentes?

— Faça com que fiquem do mesmo tamanho!

— Vou desmanchar os décimos em centésimos...

— E agora, Paulo?

— Agora dá para entender: quero saber quantos grupos de 5 centésimos cabem em 40 centésimos.

E agrupou as peças:

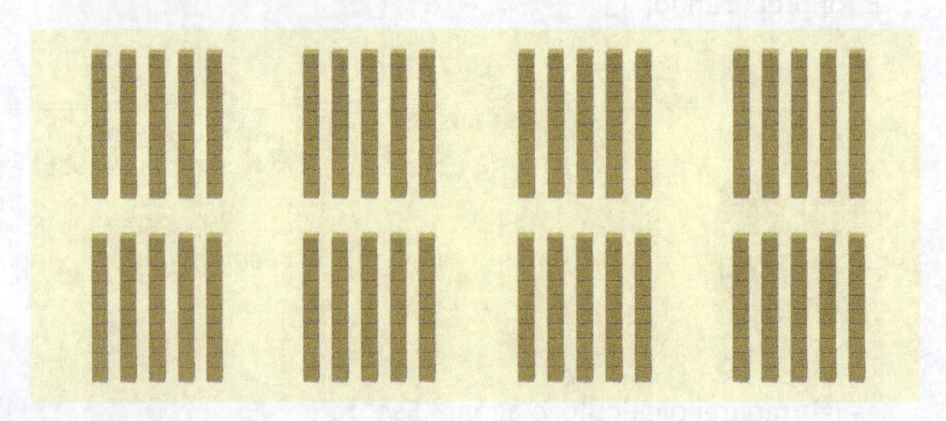

— Pude fazer 8 pacotinhos!

— Veja o cálculo que você fez:

$$0,4 \div 0,05 = 8$$

— Xiii! Acho que errei feio! Como é que 4 décimos divididos por 5 centésimos podem resultar em 8? Isso é impossível!

— Paulo, seu cálculo está certo! Você está achando estranho porque só está pensando num dos conceitos da divisão: o de distribuir.

Paulo estava atento e ela continuou:

— Quando fez os apoios para escapar de Ogirep, sua divisão foi uma ação de distribuir, sim. Você estava distribuindo a quantidade que tinha por 20 apoios e queria descobrir quantos ia colocar em cada um deles.

— Mas agora eu não fiz uma distribuição. Eu fui formando todos os grupos de 5 centésimos que eram possíveis.

— E o 8 que encontrou significa quantos grupos de 5 centésimos cabem em 40 centésimos! Perfeitamente correto!

— Mas como eu faço uma divisão entre números decimais sem o Material Dourado?

— Pegue a conta que tinha armado. Vamos pensar nas estratégias que usou com o material e fazer o mesmo no cálculo.

— A primeira coisa que fiz foi transformar 4 décimos em 40 centésimos.

— Como registrar isso, Paulo?

— Vou colocar um zero na casa do centésimo na quantidade de material que tinha para dividir:

$$0,40 \enclose{} \; | \underline{0,05}$$

U d c   U d c

— Agora tudo é centésimo! Pensando no Material Dourado, podemos dizer que agora todas as peças têm o mesmo tamanho. Então, quantas vezes 5 centésimos cabem em 40 centésimos?

— Assim dá para entender.

— Paulo, muitas pessoas cortam as vírgulas dos números neste momento. Isso é possível porque todos têm as mesmas casas decimais. Eu sugiro a você outra coisa: reescrever 40 dividido por 5.

— Por quê?

— Porque agora quero saber quantas vezes 5 cabe em 40.

$$\begin{array}{r|l} 40 & 5 \\ -40 & \overline{8} \\ \hline 0 & \end{array}$$

— Agora concordo que a resposta é 8...

Então Paulo voltou ao cálculo inicial e completou:

$$0{,}4 \div 0{,}05 = 8 \text{ pacotes}$$

material   quantidade por pacote

DIVISÃO DE NÚMEROS DECIMAIS

- *Igualamos as casas decimais do dividendo e do divisor, acrescentando um ou mais zeros à direita da parte decimal, se necessário;*
- *Suprimimos as vírgulas (também podemos reescrever o cálculo);*
- *Efetuamos a divisão como se os números fossem naturais.*

Exemplos: $0{,}6 \div 0{,}12 =$

$$\begin{array}{r|l} 0{,}60 & 0{,}12 \end{array}$$

$$\begin{array}{r|l} 60 & 12 \\ -60 & \text{U} \\ \hline 00 & 5 \end{array}$$

— Sara, tenho de dizer algo: aprender compreendendo é uma delícia! Vamos fazer outro cálculo para ver se eu entendi mesmo.

E ela sugeriu:

$$\begin{array}{r|l} 0{,}82 & 0{,}2 \end{array}$$

Paulo pegou o lápis e se pôs a calcular em voz alta:

— Primeiro precisamos igualar as casas decimais. Neste caso, basta colocar zero na casa dos centésimos no divisor... Em seguida corto as vírgulas, já que estou dividindo centésimos por centésimos... Deixe eu passar a conta a limpo, sem as vírgulas e sem os zeros à esquerda...

$$0,82 \mid 0,20 \longrightarrow 82 \mid 20$$

— É isso aí, meu amigo! Agora você ficou com o seguinte cálculo: 82 dividido por 20. Continue.

$$
\begin{array}{r|l}
\overset{\text{D U}}{82} & \underline{20} \\
-\,80 & \overset{\text{U}}{4} \\
\hline
02 &
\end{array}
$$

— Vinte cabe 4 vezes... 82 menos 80 sobra o resto 2. Acabei.

— Aí é que você se engana! Este cálculo ainda pode continuar...

— Mas como é possível, Sara? Não estou entendendo...

— Veja, depois que cortamos as vírgulas, tudo passou a ser inteiro e passamos a conta a limpo, ficamos com 82 dividido por 20. Portanto, o resto que você deixou são 2 *unidades*.

— Sim, mas como posso dividir 2 unidades por 20? — quis saber Paulo.

— Transformando essas 2 unidades em 20 décimos. E isso você sabe que pode ser feito. Já fez quando estava no poço!

— É mesmo. E como representar a continuação dessa divisão?

— Colocando uma vírgula no quociente, para indicar que está distribuindo décimos. Tenho uma sugestão: acrescente aquele murinho no dividendo.

E Paulo foi registrando tudo aquilo:

$$\begin{array}{r|l} \overset{\text{D}\ \text{U}\ \text{d}}{82} & 20 \\ -80 & \overset{\text{U}}{4,} \\ \hline 02\,0 \end{array}$$

— Hã... acho que não sei o que fazer, Sara.

— Aquele resto 2 foi transformado em 20 décimos; para isso foi só colocar um zero no dividendo na casa dos décimos. A vírgula no quociente depois do 4 você já pôs. Resta apenas calcular.

Paulo, mais seguro, terminou a divisão:

$$\begin{array}{r|l} \overset{\text{D}\ \text{U}\ \text{d}}{82} & 20 \\ -80 & \overset{\text{U}\ \text{d}}{4,1} \\ \hline 02\,0 \\ -2\,0 \\ \hline 0\,0 \end{array}$$

— Tinha 20 décimos para dividir por 20, resultou em 1 — falou o garoto. — Marquei 1 na casa dos décimos no quociente, subtraí os 20 que havia dividido, e não sobrou resto algum. Ou seja, cálculo exato!

— É isso aí!

— Então, quer dizer que se numa conta de dividir sobrar resto eu posso continuar a calcular? — Paulo quis confirmar.

— Pode, desde que coloque a vírgula corretamente no quociente — esclareceu a amiga.

— É, mas eu tenho ainda uma dúvida...

O garoto raciocinou por um instante e prosseguiu:

— Todos os cálculos envolvendo divisão de números decimais são exatos como este?

— Nem todos. Existem divisões que podem resultar em um número decimal infinito; quer dizer, por mais que a gente continue a dividir as casas decimais, sempre sobrará resto. Em outras, pode surgir no quociente um ou mais números repetidos... Mas o fundamental é entender como se calcula a divisão de decimais e isso você já conseguiu. E, qualquer dúvida, você pode consultar o professor no colégio, não é?

— Meu professor de Matemática é muito legal, mas o que eu quero mesmo é fazer uma surpresa para ele. Eu e a Glória vamos manter tudo em segredo, até a Semana Cultural.

Quando sobrar resto na divisão de números decimais, é possível continuar a divisão:

- *Transformamos as unidades do resto em décimos, acrescentando um zero;*
- *Colocamos uma vírgula no quociente, indicando que estamos dividindo décimos; e assim continuamos a divisão.*

Exemplo:

$1,3 \div 0,2$

D U	2
13	
− 12	U
1	6

D U d	2
13	
− 12	U d
10	6,5
− 10	
0	

Observação: caso sobre resto na divisão dos décimos, acrescentamos um novo zero no dividendo, transformando-o em centésimos. E assim por diante.

17

Pouco
depois...

Paulo seguia falando de seus planos para quando voltasse ao dia a dia, diante dos olhos divertidos de Sara, quando algo inesperado aconteceu. Na verdade, um aviso:

— Sara, venha logo para a praia! Paulo está em perigo!

A mensagem em si seria suficiente para preocupá-la. No entanto, outro fato fez suas preocupações aumentarem. Quem os avisava do perigo iminente não era outro senão o encrenqueiro Ogirep.

Sara e Paulo ficaram desconfiados e o pequeno insistiu:

— Eu sei que é difícil acreditar, mas desta vez é pura verdade; Paulo está em perigo realmente!

— Não sei, não — desconfiou o garoto. — Por sua causa, tivemos de enfrentar situações muito perigosas...

— É verdade, mas eu aprendi com isso. Você e a menina conseguiram se livrar das minhas armadilhas. E conseguiram graças à boa vontade, à determinação, à coragem de vocês... E principalmente pela confiança que um depositou no outro.

Estranhamente os olhos de Ogirep pareciam diferentes, assim como a sinceridade que se notava no seu jeito de falar.

— Acreditem em mim. Eu vivia infeliz porque não dava o devido valor à união, à amizade... Agora eu aprendi quanto elas valem... E estou aqui para ajudá-los.

— Como você sabe que Paulo corre perigo? — quis saber Sara.

— Enquanto vocês conversavam eu subi até quase a superfí-

cie do lago. Queria ver se estava tudo bem por lá; afinal, já faz algum tempo que ele chegou... E foi aí que eu ouvi o avô dele dizendo ao seu Teófilo que precisava limpar o mato do lago...

— Tirar a vegetação do lago?! — assustou-se ela.

Paulo não estava entendendo. Sara explicou:

— Seu avô não pode mexer na vegetação do lago. Isso interfere na passagem para este lugar. Você tem de voltar imediatamente!

Nesse instante Wiujam surgiu diante deles. Apesar da surpresa pela presença de Ogirep, deu o recado:

— Temos de ir para a praia que se liga ao lago do sítio dos avós de Paulo.

Wiujam continuava olhando atravessado para Ogirep.

— Não se preocupe, Ogirep veio nos ajudar. Ele já tinha avisado que Paulo está correndo perigo — tranquilizou Sara.

— Se realmente eu corro o risco de não poder mais sair daqui, é melhor eu voltar quanto antes! — disse Paulo.

O jovem teve de se abaixar para conseguir abraçar a amiga.

— Obrigado por tudo, Sara...

— Obrigada pela ajuda, amigo. E boa sorte no trabalho de Matemática!

Ao despedir-se de Ogirep, o garoto sugeriu:

— Já que você mudou, podia trocar seu nome para Ogima...

— Ogima? — interrogou Ogirep. — Por quê?

— É amigo, escrito de trás para a frente — disse Paulo, sorrindo.

— Pode acreditar, de hoje em diante serei digno desse nome.

Paulo olhou demoradamente ao redor, examinou um a um os três pequeninos e falou emocionado:

— Eu nunca vou esquecer vocês nem este lugar. Quando Glória foi embora, Sara disse que não há distância para os amigos, e isso é verdade...

— Agora vá... — pediu Sara. — E não conte a ninguém sobre nós.

— Por que não? Nem para o seu Teófilo?

— Está bem... Mas só para ele, hein?

Acenou uma última vez para os amigos pequenos e mergulhou nas águas claras que o levariam de volta ao sítio do vô Mário.

Como surgiu o número?

Por que é importante saber contar usando decimais?

mini *sobre números decimais*
Almanaque

Veja as respostas para essas perguntas nas próximas páginas.

1 2 10

Por que surgiram os números?

Os números surgiram porque as pessoas começaram a contar as coisas.
Para isso, os homens primitivos usavam os dedos, as pedras, os nós de uma corda, marcas num osso ou na madeira. Com o tempo, esse sistema de contagem se aperfeiçoou até chegar aos algarismos atuais.

Os maias

Os maias, civilização que habitava a América Central antes da chegada dos espanhóis, representavam os números com pontinhos e riscos.

Marcador de jogo de bola maia.
Museu Britânico

•	••	•••	••••
1	2	3	4

—	•⁄—	••⁄—	•••⁄—
5	6	7	8

•••• ⁄ =	=
9	10

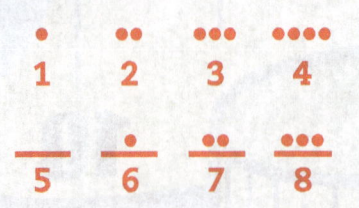
Eles usavam o 5 como base porque contavam com os dedos.

Os egípcios

Os egípcios representavam a quantidade de objetos por meio dos seguintes símbolos:

Afresco
Egito An
Michel Escobar
e Véronique Hemery/Incafo

1	10	100	1 000
traço vertical	osso de calcanhar	laço	flor de lótus

10 000	100 000	1 000 000
dedo dobrado	girino	figura ajoelhada (talvez o Deus do sem-fim)

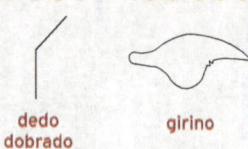

Os romanos

Espertos que eram, os romanos combinaram algumas letras do alfabeto para representar os números. Por exemplo, a letra **I** valia **1**, a **V** indicava **5** unidades.

X = 10
L = 50
C = 100
D = 500
M = 1000

Já pensou que trabalheira multiplicar MMCDLXXXVII por MDCCXIV?

As informações demoravam décadas ou séculos para ir de um lugar a outro.

Os hindus

Os hindus desenvolveram um sistema decimal posicional que incluía o zero e facilitava as operações.

Para representar o zero, eles usavam a forma redonda do ovo de gansa

Os árabes

Os árabes dominaram a Índia e absorveram sua cultura. O matemático al-Khowarizmi compreendeu logo a importância do sistema de numeração hindu e tratou de difundi-lo pela Europa. Por volta do século XVI o sistema já estava bem parecido com o que usamos hoje. Os símbolos 0, 1, 2, 3, 4, 5, 6, 7, 8 e 9 são conhecidos como algarismos indo-arábicos.

Curiosidades

Informações curiosas e divertidas

A invenção do Material Dourado

Maria Montessori (1870-1952).

Keystone

O Material Dourado existe mesmo. Ele pode ser encontrado em madeira, espuma, borracha ou isopor. Trata-se de uma invenção da italiana Maria Montessori, que foi médica, pedagoga e grande educadora. Ela criou vários jogos matemáticos e desenvolveu um sistema próprio de ensino.

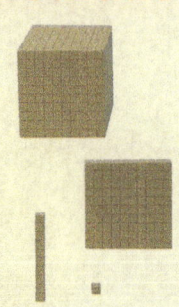

Unidades de medida

Você pode medir o comprimento de uma sala, por exemplo, com passos, palmos e dedos. Mas eles variam de uma pessoa para outra. Para padronizar uma referência de medida, convencionou-se usar o metro e suas partes decimais. Assim, medimos uma sala com metros, decímetros, centímetros, milímetros etc.

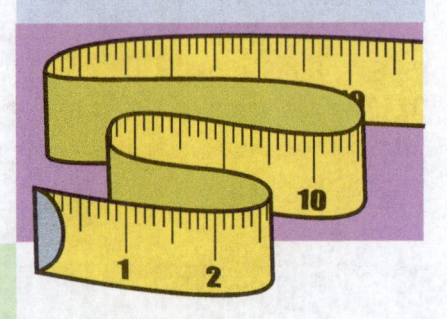

A vírgula

Essa ideia fantástica, a vírgula, é usada na Matemática na representação de números decimais, indicando a parte inteira. A lógica do sistema decimal foi estendida para as casas depois da vírgula.

Como escrever um número maior que 222 e menor que 223 sem usar frações? Simples: colocando uma vírgula!

222   222,3   223

Dia a dia

Matemática na prática

No supermercado

1) Quantos copos de 0,2 litro (200 mililitros) podemos encher com uma garrafa de refrigerante?

1,9 litro

2) Quantos gramas de cálcio há em um potinho de iogurte?

contém 0,430 grama de cálcio (430 miligramas)

0,9 litro (900 mililitros)

0,09 litro (90 mililitros)

iogurte

Quando você vai comprar alguma coisa, precisa fazer contas para saber qual produto custa menos e se o dinheiro que tem dá para cobrir as despesas.

No posto de gasolina

41,3 litros

$ 0,84 cada litro

Total $

— Ei! Saia da frente, que eu quero ver o total!
— Você não sabe fazer conta?

Respostas:
1) Podemos encher 9 copos e ainda sobra meio. **2)** 0,043 grama.

Jogos e desafios

Teste seus conhecimentos

1) Substitua os asteriscos por algarismos e faça a conta ficar correta:

$$
\begin{array}{r}
14,2 \\
\times\ \ *,* \\
\hline
*6\,8 \\
**\,2 \\
\hline
1*,*\,* \\
\end{array}
$$

2) Coloque as vírgulas decimais nos numerais para que a soma fique certa:

$$195 + 510 + 261 = 55,56$$

3) Distribua os numerais 0,8, 1,4, 1, 1,2, 1,6 e 0,6 de modo que a soma seja igual a 3 em cada lado do triângulo:

DECIMAIS!...

EU, HEIN?...

Respostas:

1)
$$
\begin{array}{r}
14,2 \\
\times\ \ 1,4 \\
\hline
568 \\
142 \\
\hline
19,88 \\
\end{array}
$$

2) $1,95 + 51,0 + 2,61 = 55,56$

3)
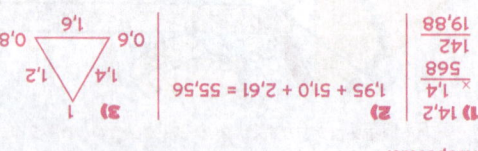